LEYENDAS DE LA MODA

PRADA

RBA

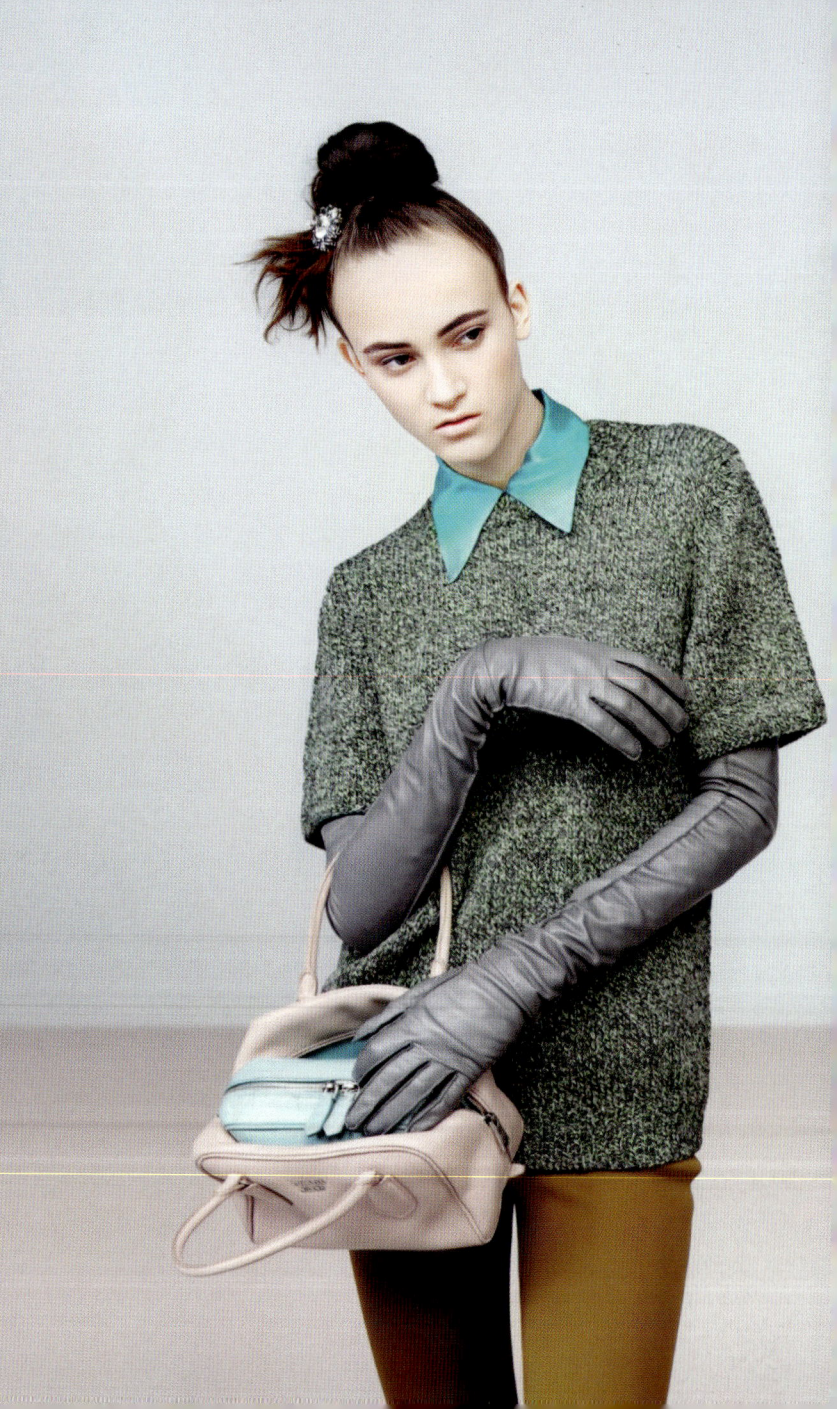

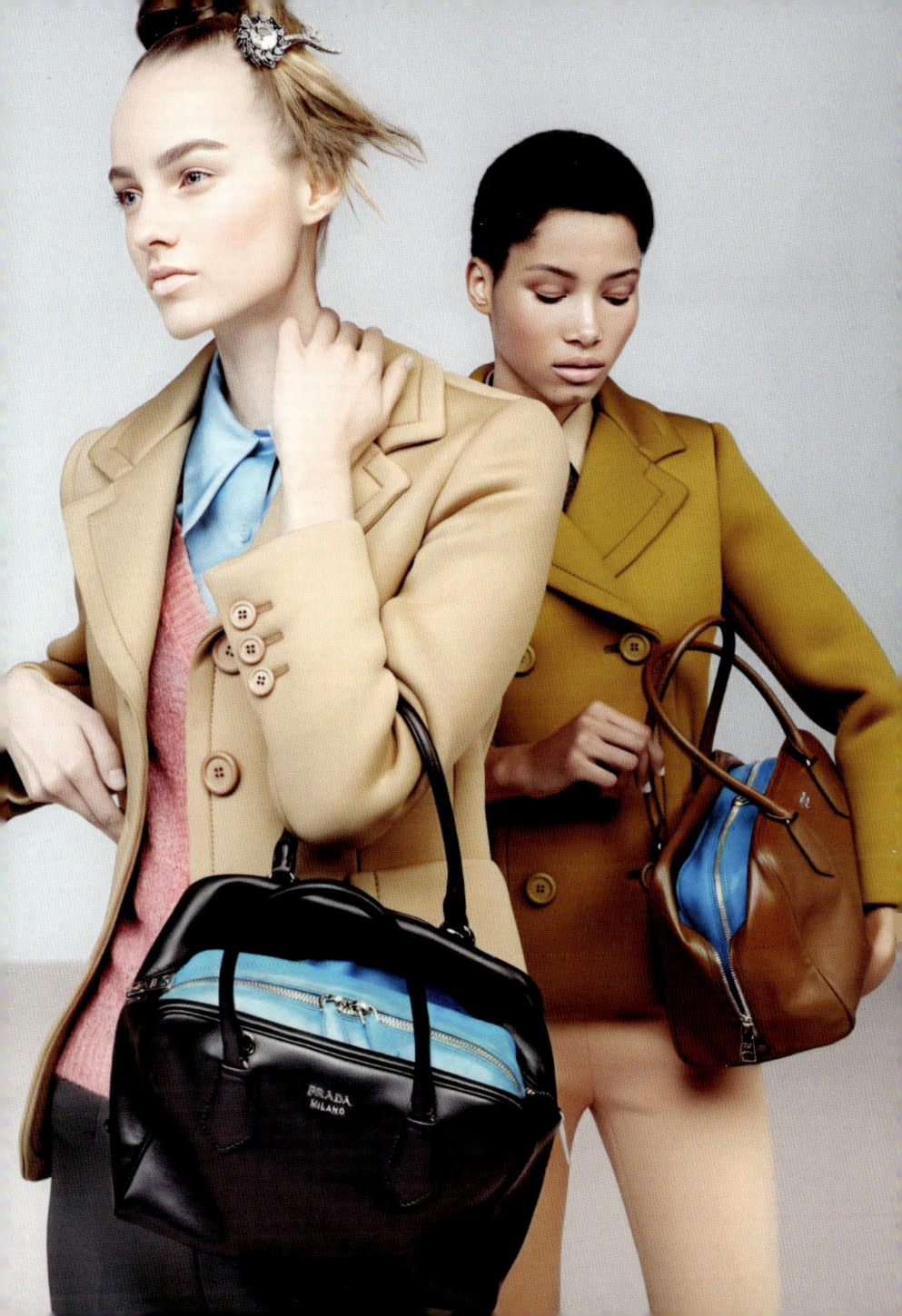

CONTENIDO

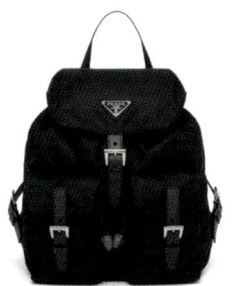

LINEA ROSSA **1997**
Colección que aúna piezas industriales y funcionales para crear una línea deportiva de lujo moderno.

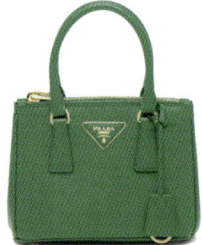

BOLSO GALLERIA **2007**
Debe su nombre a la Galleria Vittorio Emanuele II de Milán, donde se hallaba la primera tienda Fratelli Prada, y se fabrica en piel saffiano, un tipo de cuero rugoso patentado por la marca.

MOCHILA VELA DE NAILON **1984**
Creada como respuesta revolucionaria al lujo clásico, la mochila Vela, así como todos los accesorios de nailon de Prada, sigue siendo el producto superventas de la marca 40 años después.

LOS *MUST* DE PRADA

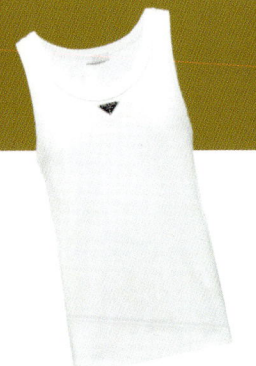

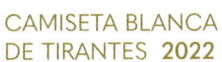

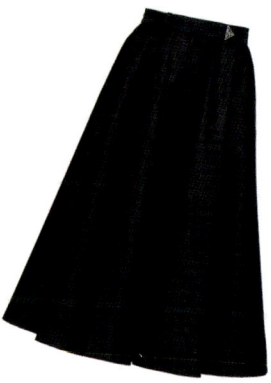

LA FALDA CON VOLUMEN **1988**
Presente desde sus primeras colecciones, es una de las prendas más recurrentes de la firma debido a la querencia de Miuccia por el estilo *lady* de los años 50.

CAMISETA BLANCA DE TIRANTES **2022**
Es uno de los primeros diseños superventas de la era Simons y una de las prendas más básicas que existe, convertida en objeto viral gracias al logo triangular estampado en el frontal.

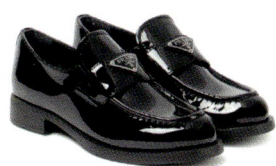

MOCASÍN 1992

Considerado un zapato demasiado conservador en los años 90 y principios de los 2000, la marca lo relanzó siguiendo la filosofía de subvertir el significado de ciertas prendas y accesorios.

ESTAMPADO DE LABIOS 2000

De entre todos los estampados icónicos de Prada, este es uno de los más recordados y reinterpretados.

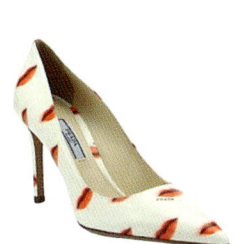

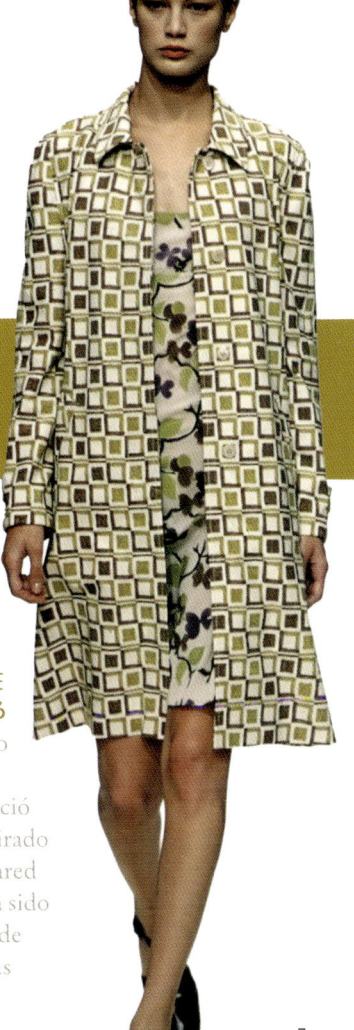

SEGÚN *Mitia Bernetel*

LA DIADEMA DE RASO 2018

Este accesorio que remite a los años 50, pero cuyo volumen acolchado tiene más que ver con el siglo XXI, es uno de los elementos definitorios de la firma italiana.

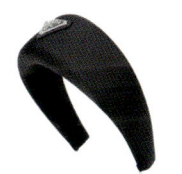

ESTAMPADO DE CUADROS 1996

Este fue el motivo decorativo de la colección que inició la era feísta. Inspirado en un papel de pared de los años 70, ha sido reversionado desde entonces en varias colecciones.

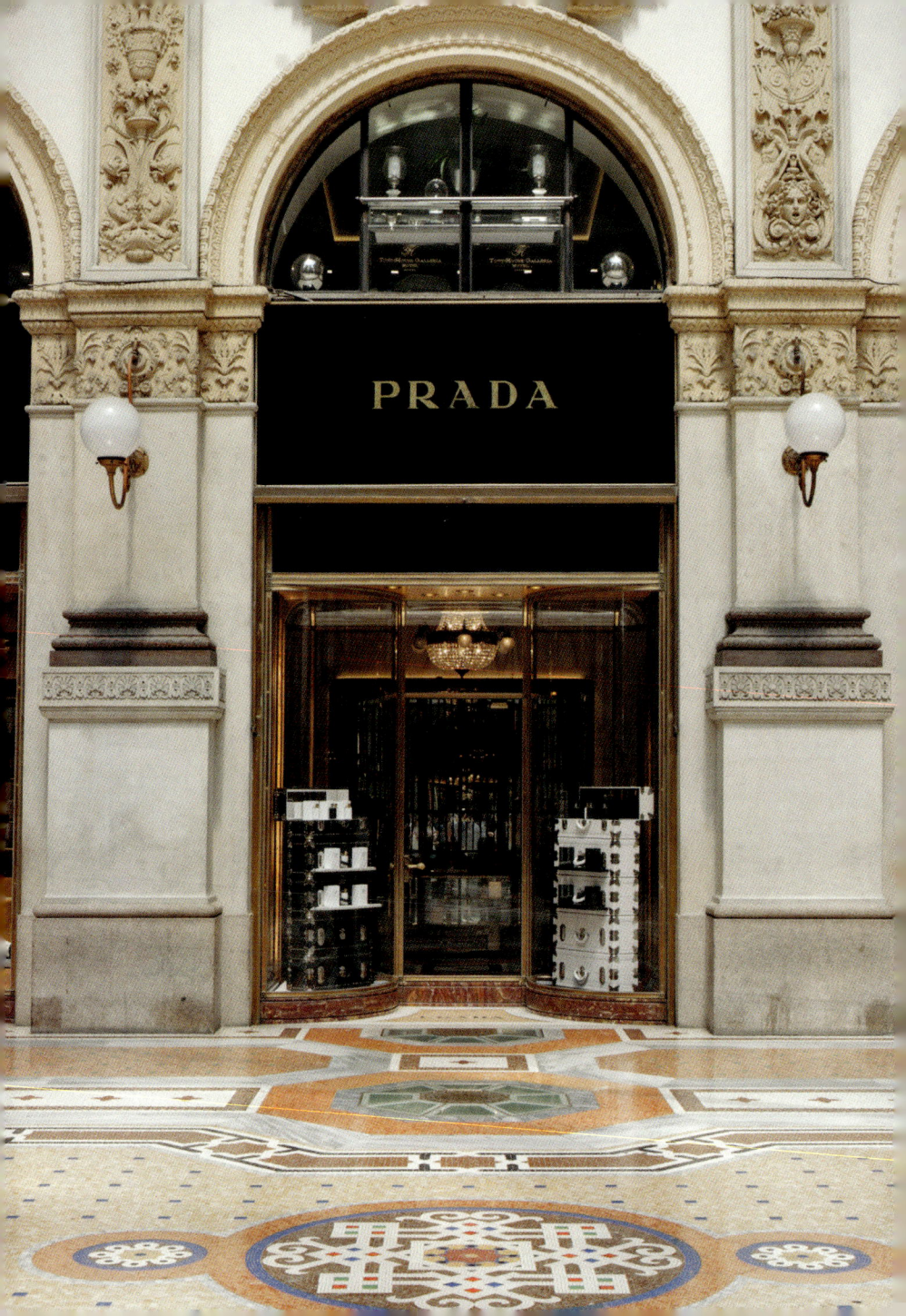

REESCRIBIR LAS NORMAS

La historia de Prada es la de una tienda local de marroquinería convertida en una firma global que ha marcado un antes y un después en generaciones de diseñadores. Cuando Miuccia Prada heredó la empresa familiar comenzó a desafiar las convenciones que rodeaban la moda del momento: hizo del nailon un material lujoso, despojó a las mujeres de adornos superfluos y hasta se atrevió a jugar con lo que socialmente se consideraba feo; se alió con artistas contemporáneos y a través de sus desfiles habló de feminismo, de problemáticas sociales o del uso de la tecnología en la rutina. Prada ha sabido utilizar elementos opuestos y periodos históricos distintos para diseñar conceptos, no solo prendas. Y, sobre todo, ha conseguido dejar de ser una marca de moda al uso para convertirse en una especie de laboratorio de ideas que, sirviéndose del cine o la arquitectura, ha trascendido tendencias y estilos pasajeros en un entorno marcado por el cambio y la novedad constantes.

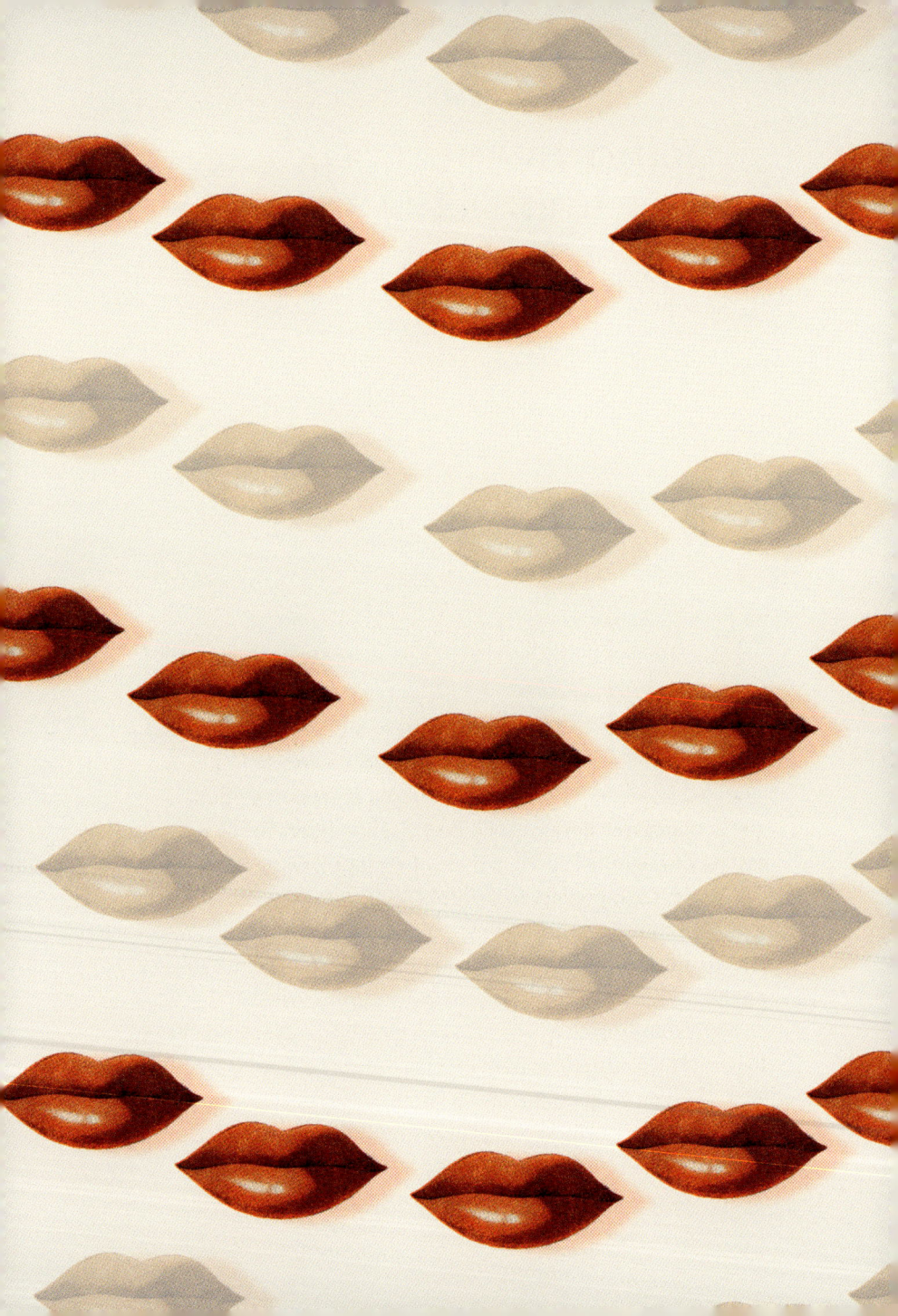

LUJO Y VANGUARDIA: LOS ORÍGENES DEL IMPERIO PRADA

Una de las frases más repetidas por todos aquellos que admiran a Miuccia Prada es «Prada o nada». Esta expresión evidencia que la marca que lleva su apellido y que ella lidera desde hace casi medio siglo es la gran *rara avis* de la industria de la moda. La firma es tan compleja en su forma de diseñar y de comunicar que se ha convertido en la favorita tanto de quienes buscan intelectualidad e intención en las prendas como de quienes simplemente ansían un logo reconocible y respetado.

Quizá la razón de que Prada no se parezca a nada ni a nadie haya que buscarla en esa frase que la diseñadora dijo a *The New York Times* en 2013, en una de las muy escasas entrevistas que ha concedido: «La moda era el peor lugar en el que estar si eras una feminista de izquierdas». El suyo es uno de los poquísimos ejemplos de una gran diseñadora sin vocación por la moda desde pequeña; es más, en su caso fue al contrario, y en eso reside en gran parte el motivo de que Miuccia decidiera crear un estilo propio en sentido estricto, es decir, un estilo que reflejara sus propias inquietudes estéticas. El hecho de que, a mediados de los años 80, ella fuera una de las pocas mujeres (con permiso de Coco Chanel, Rei Kawakubo o Vivienne Westwood) en liderar una gran firma de lujo global también marcó la diferencia. A fin de cuentas, y aunque parezca extraño, en el ámbito de la moda femenina son pocas las mujeres que diseñan para otras mujeres, aunque nadie mejor que ellas para saber qué necesitan sus cuerpos y cómo pueden sentirse cómodas con las prendas que eligen cada temporada.

Prada representó la excepción en una época, la década de los 80, en la que en revistas y pasarelas reinaban las prendas ostentosas y teatrales, y en la que los diseñadores, mayoritariamente masculinos, buscaban el dramatismo y la fantasía. Pero ser la excepción no es suficiente. Si Miuccia ha conseguido que el estilo Prada siga siendo el más relevante 40 años más tarde es gracias a su pericia y autenticidad no solo para diseñar sino también para comunicar de forma completamente disruptiva.

LA HEREDERA REBELDE

En 2012, Prada estrenaba durante el festival de Cannes *A Therapy*, un cortometraje dirigido por Roman Polanski y protagonizado por la actriz Helena Bonham Carter en el papel de una burguesa de Milán, abrigo de piel incluido, que acude a hacer

Cartel de *A Therapy*, el cortometraje dirigido por Roman Polanski en el que la actriz Helena Bonham Carter interpreta a un personaje inspirado en la propia Miuccia Prada y sus problemas familiares.

terapia con su psicoanalista, interpretado por Ben Kingsley. En la cinta, Bonham Carter se tumba en el diván y empieza a narrar a su terapeuta los traumas familiares, en concreto el hecho de que su familia, a la que ella detesta, le haya dejado en herencia tanto dinero que no sabe qué hacer con él. Mientras relata sus preocupaciones mirando al techo, Kingsley coge el abrigo de pieles del perchero y se lo prueba, fascinado, deleitándose frente al espejo.

Este vídeo, pionero en el formato *fashion film*, que mezcla el anuncio publicitario con el cine, se convirtió en viral precisamente porque era la forma indirecta como Miuccia Prada rendía cuentas con su pasado. Y lo hacía a ojos de todo el planeta. Es más, si optó por llamarse Miuccia, y no Maria, su nombre de nacimiento, fue porque durante su adolescencia decidió irse

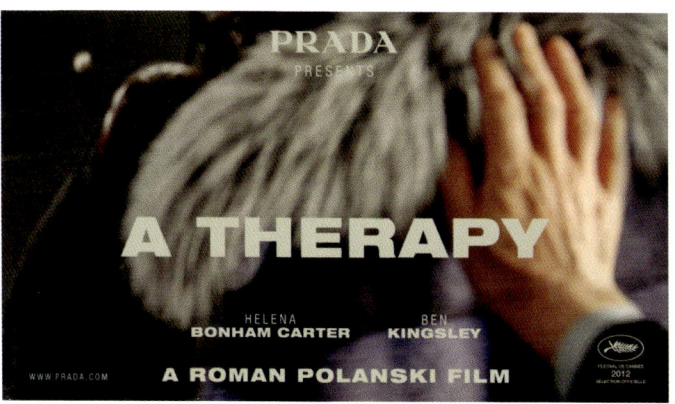

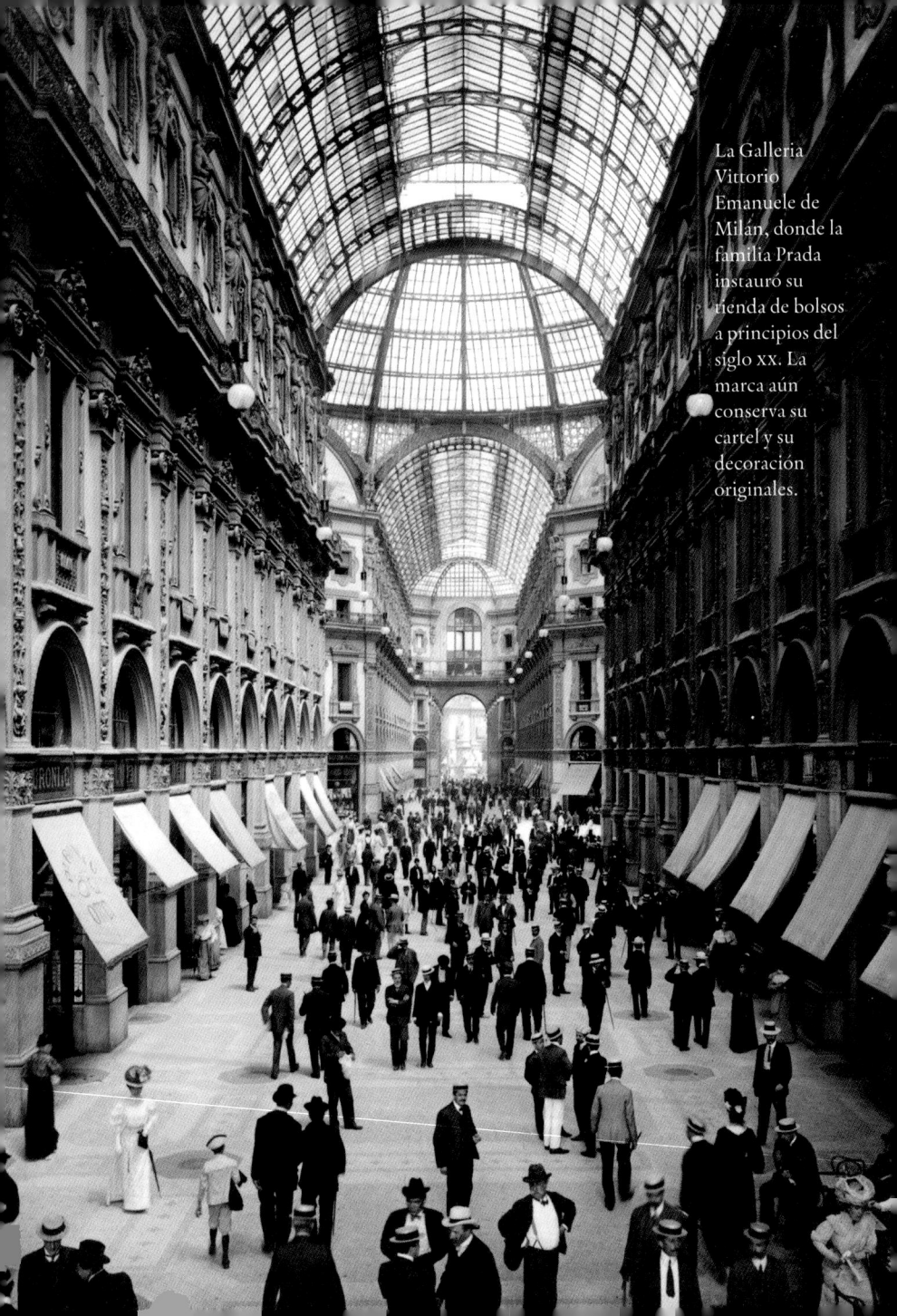

La Galleria Vittorio Emanuele de Milán, donde la familia Prada instauró su tienda de bolsos a principios del siglo XX. La marca aún conserva su cartel y su decoración originales.

a vivir con su tía soltera, a la que apodaban así, y dejar la casa familiar por discrepancias ideológicas. Su padre, Luigi Bianchi, y su madre, Luisa Prada, regentaban el negocio de su abuelo materno Mario, Fratelli Prada, una firma de marroquinería de lujo que abastecía a las clases altas italianas y cuya sede principal se encontraba —y se encuentra— en la Galleria Vittorio Emanuele II de Milán.

Mario creó Fratelli Prada junto a su hermano Martino en 1913. Desde su tienda en las galerías milanesas comercializaban sobre todo bolsos de viaje y maletas que creaban artesanalmente. 50 años antes, Louis Vuitton o Goyard, en Francia, habían comenzado a hacer fortuna con los artículos para viajeros de las clases altas, y estos hermanos milaneses vieron la oportunidad de replicar ese modelo de negocio en Italia, país con una gran tradición en el tratado del cuero. A mediados del siglo XX ya eran toda una referencia para la aristocracia local. Sin embargo, Mario, un hombre de negocios chapado a la antigua, no creía que las mujeres tuvieran que ocuparse de las empresas, así que fue su yerno, Luigi Bianchi, quien se ocupó del negocio tras su muerte, junto a su esposa, Luisa Prada.

Desde pequeña, Miuccia no se sintió cómoda con el ambiente burgués y conservador que reinaba en su casa. Tras irse a vivir con su tía, cuando cumplió la mayoría de edad comenzó la carrera de Ciencias Políticas, disciplina en la que se doctoró, mientras tomaba clases para ser mimo en el Piccolo Teatro de Milán. Miembro activo del Partido Comunista Italiano, cuando alcanzó la cima en la moda comenzaron a circular imágenes de ella en manifestaciones feministas de los años 70. «Aunque seas rico, sigues teniendo derecho a defender tus ideas. Cuando estaba metida en política, nunca llevaba vaque-

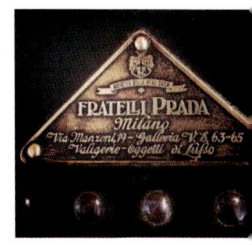

Logotipo de Fratelli Prada. Cuando Miuccia heredó la empresa quitó el Fratelli del nombre de la marca pero mantuvo la chapa triangular y el año de la fundación: 1913.

ros, vestía de Yves Saint Laurent. Siempre he vivido con ese tipo de contradicción», contaba la creadora en una entrevista con *The Telegraph*. La sensibilidad para la moda le venía de familia; de hecho, en aquellos años como activista ya se la podía ver con abrigos de piel antiguos y mocasines con calcetines, un estilo poco común que después desarrollaría en Prada hasta convertirlo en una de las señas de identidad de la casa.

Todo cambió cuando, en 1978, tras la jubilación de su padre, Miuccia se vio forzada a entrar en el negocio familiar, primero como diseñadora de accesorios, para después, ya a inicios de los 80, encargarse de todo Fratelli Prada. Ella nunca ha confesado las razones por las que decidió incorporarse de manera activa a la empresa tras años rehuyendo los planes de futuro que sus padres tenían preparados para ella. Lo que sí se sabe, porque lo demostró desde los primeros años en la firma, es que aquella marca de marroquinería de lujo, bajo su mandato, cambiaría de arriba abajo. No solo en lo que respecta a su área de influencia, pues pasó de ser una casa exclusivamente italiana a tener fama global en cuestión de una década, sino también, y sobre todo, en relación a los productos.

Prada amplió la línea de negocio de la empresa familiar creando prendas y todo tipo de accesorios, pero su verdadera aportación fue ayudar a cambiar la definición tradicional de lujo. Con ella, ya no se trataba de vender productos de materiales nobles repletos de matices decorativos, sino de objetos mucho más austeros que, sin embargo, estaban envueltos en una especie de aura de modernidad que los convertía en piezas de culto. Desde una mochila negra hasta una falda recta azul marino, Miuccia logró que lo sencillo se convirtiera en exclusivo. Lo consiguió, en parte, gracias a su formación, ajena al

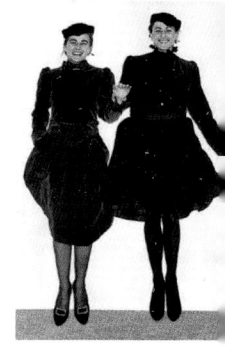

Miuccia Prada junto a su amiga y posteriormente mano derecha, la estilista Manuela Pavesi, en una imagen de 1979. Las dos llevan atuendos muy similares de uno de sus diseñadores fetiche: Yves Saint Laurent.

diseño de moda y muy ligada, en cambio, al feminismo, la política y el arte, lo que hizo que su forma de comunicar los productos resultara completamente innovadora con respecto a sus competidores. Y también gracias a su pareja sentimental y de negocios, Patrizio Bertelli, un gestor avezado y atrevido que hizo crecer la marca hasta convertirla en una referencia global.

UNA PAREJA PODEROSA

En una conversación en los años 90 con el diario *Financial Times*, Miuccia Prada recordó la primera vez que vio a Patrizio Bertelli, en una feria textil en Milán: «Era un joven muy arrogante, pero tenía razón». Desde aquel encuentro, en 1978, ambos han formado una de esas duplas de éxito que han hecho historia en la moda del siglo xx, como la de Pierre Bergé e Yves Saint Laurent, Tom Ford y Domenico de Sole o Marc Jacobs y Robert Duffy. Grandes mentes empresariales detrás de la leyenda de maravillosos creativos.

Bertelli, conocido por sus ideas audaces y por un talento implacable para los negocios, con 21 años ya tenía su propia empresa, Sir Robert, una marca de artículos de cuero que encontró un lucrativo nicho de mercado en la provisión de accesorios modernos para firmas de moda italianas. Fue así como lo conoció Miuccia. Por entonces, ella lideraba el diseño de bolsos y zapatos de Fratelli Prada, y decidió encargarle la producción a este joven de la Toscana para salirse así

MIUCCIA Y EL FEMINISMO

Miuccia Prada ha sido capaz de trasladar su activismo dentro del movimiento feminista a una marca de lujo de forma coherente. Ha ido cambiando la percepción de la moda femenina, ligada a conceptos como la belleza o la elegancia, inspirándose en movimientos sociales que liberaron a la mujer, desde las *flappers* de los años 20 hasta subculturas como las Riot grrrls (literalmente «chica disturbio»), que tomaron prendas tradicionalmente asociadas con lo cursi para otorgarles un significado subversivo.

El feminismo de Prada no es explícito, sino intelectualizado. Por ejemplo, desde el inicio, las protagonistas de sus campañas han adoptado poses cotidianas y desafiantes.

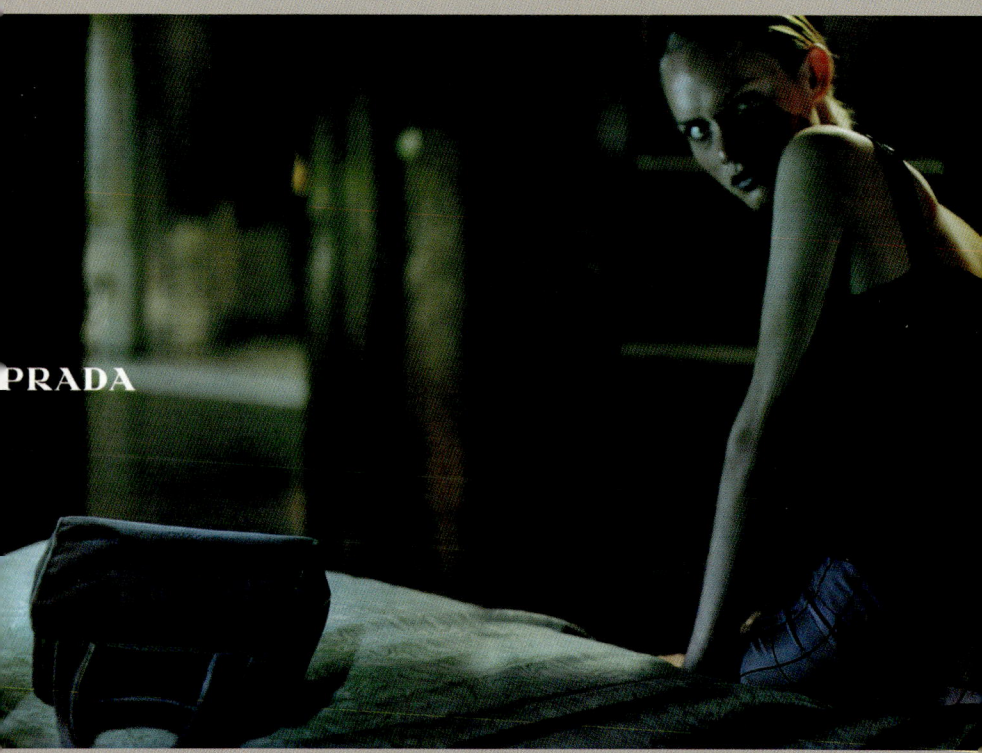

PRADA

La estética de las *flappers*, esas mujeres que en los años 20 decidieron liberarse y llevar una vida activa, ha sido una constante en las colecciones de Miuccia Prada. Pero, lejos de copiarla, la diseñadora la ha combinado con elementos deportivos y funcionales para integrarla en la actualidad.

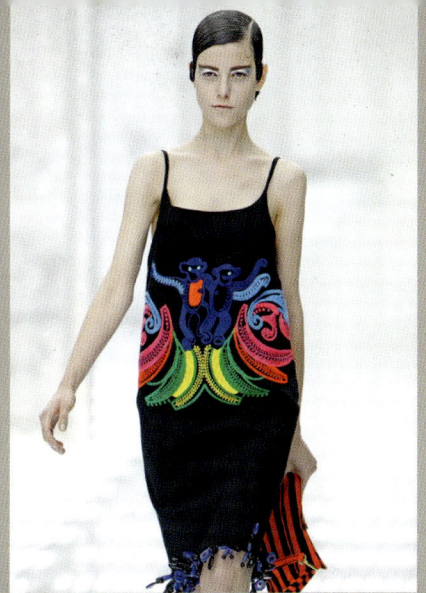

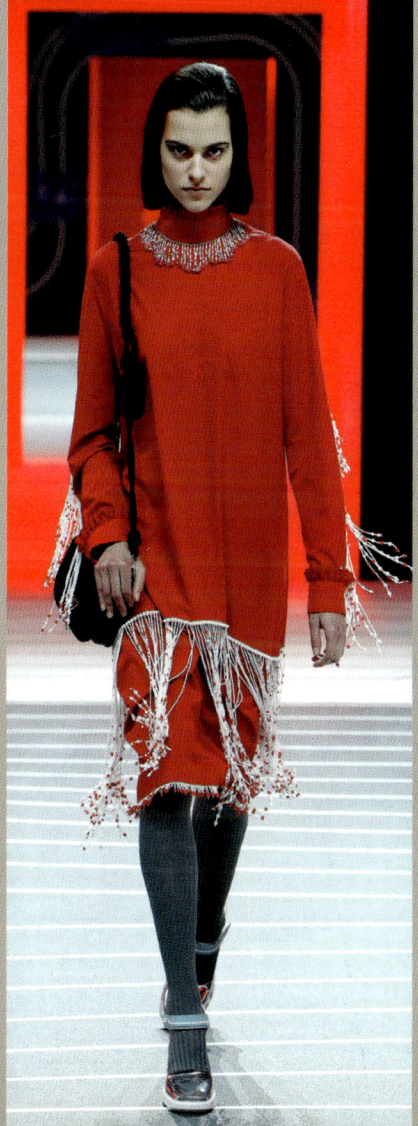

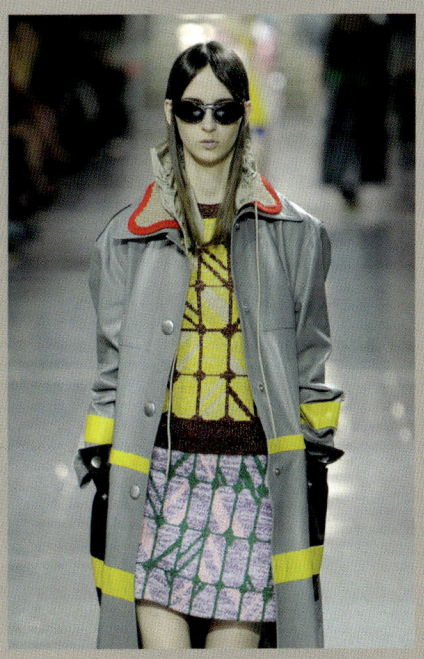

de los productos tradicionales, demasiado clásicos, que comercializaban su padre y su abuelo.

Dos años más tarde, se casaron y Bertelli decidió dejar su empresa para dedicarse exclusivamente a Prada, mientras su ahora esposa ascendía en el negocio familiar.

A mediados de los años 80 Patrizio convenció a Miuccia de que creara una línea de prendas dentro de la empresa, pues desde su fundación, en 1913, solo vendía complementos. Fue un acierto, pues su estilo de prendas y bolsos austeros y funcionales vino a cubrir un nicho de mercado en la moda de alta gama. El éxito fue instantáneo, tanto que en los 90 Prada había multiplicado por diez su facturación anual y había abierto tiendas en Europa y Estados Unidos. Primero decidieron dar el salto a Nueva York, y luego llegaron a Madrid, París, Londres y, finalmente, en 1996, a Pekín y Shanghái, aprovechando el emergente consumo del lujo en China. Fue en esa misma década cuando el empresario comenzó a comprar acciones de otros grandes nombres del lujo italiano, como Gucci, que vendió por el triple de su valor a principios de los 2000.

En el cambio de siglo, el magnate quiso, a través de Prada Spa., la sociedad que maneja todos los productos y todas las líneas de Prada, adquirir otras firmas de moda para crear un *holding* semejante a los de LVMH (dueño de Dior, Céline o Louis Vuitton, entre otros) y Kering (que posee Gucci, Bottega Veneta o Yves Saint Laurent). En este sentido, Prada llegó a ser la dueña de Jil Sander y Helmut Lang, pero las decisiones empresariales de Bertelli hicieron que sendos fundadores, Sander y Lang, decidieran abandonar sus respectivas firmas, lo que hizo que su clientela desapareciera poco a poco y ambas casas fueran vendidas a otras empresas.

Imágenes de la colección de accesorios de Prada en 1980, una de las primeras que realizó y que presentó a la prensa en Milán en un palacete, con una decoración que anticipaba su estilo austero.

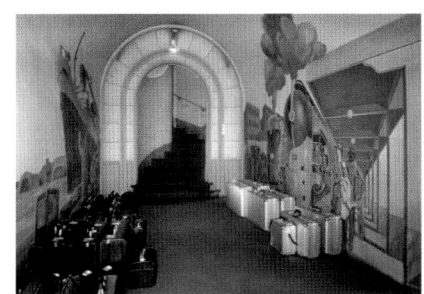

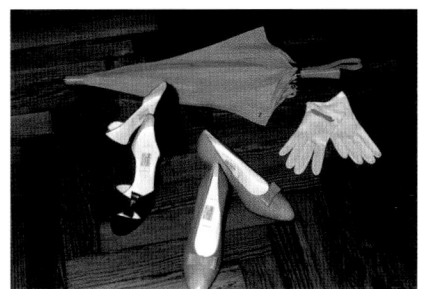

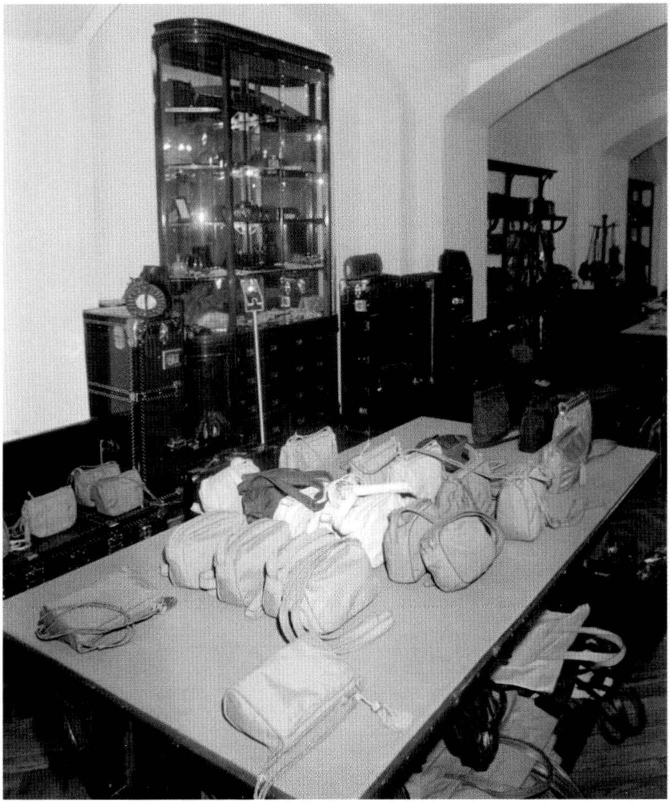

Es muy riguroso para los negocios, y eso me permite
concentrarme en mi parte creativa
MIUCCIA PRADA

Miuccia ha declarado en numerosas ocasiones que trabajar junto a Bertelli le supone un reto constante pero necesario. «Es muy riguroso para los negocios, y eso me permite concentrarme en mi parte creativa», confesaba a *The New York Times* en una entrevista concedida en 2013. Lo cierto es que, pese a no haber sabido gestionar otras enseñas, ha logrado convertir Pra-

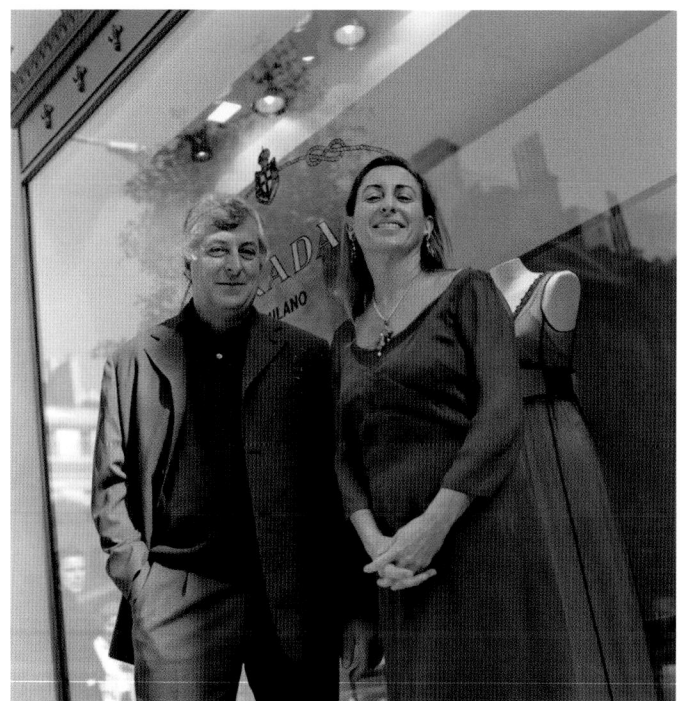

Miuccia Prada y Patrizio Bertelli posan en el escaparate de su primera tienda en Nueva York, inaugurada en el lujoso Upper East Side a finales de los 80.

da en un negocio billonario gracias a tomar decisiones arriesgadas o realizando colaboraciones con líderes tecnológicas como LG o Apple. El tándem Prada-Bertelli ha logrado que lo que heredaron como una marca local centrada en el cuero italiano sea, cuatro décadas más tarde, un emporio que cotiza en bolsa: solo en 2023, facturó 4.700 millones de euros en ventas.

DEL CUERO AL NAILON

Desde su llegada a la empresa familiar, Miuccia quiso despojar de adornos superfluos a los accesorios. Pese a conocer de primera mano la moda y las últimas tendencias, sentía una especie de rechazo hacia el lujo clásico y la ostentación. A mediados de 1984, en una feria de tejidos, descubrió el nailon pocono, una fibra sintética moldeable e impermeable que, por entonces, se utilizaba únicamente para la indumentaria militar. Igual que hizo Chanel a principios del siglo XX con el color negro y el algodón, dos elementos denostados por el lujo que ella dignificó y convirtió en exclusivos, Prada decidió, saltándose el legado de su empresa y cualquier convención social, crear ese mismo año con aquella materia prima una mochila y un bolso de asa corta y estamparles el hoy famoso logo del triángulo en ellos. Fue la primera vez que al logo triangular heredado de su familia le quitaba la palabra Fratelli para que se leyera solo Prada. Esta no solo fue su primera creación, también supuso el primer paso para hacer completamente suya la empresa rechazando de algún modo su pasado. Aquellas mochilas, bautizadas como Vela, las vendía, por supuesto, a precio de lujo, porque lo curioso es que hoy se fabrican en serie en distintas factorías

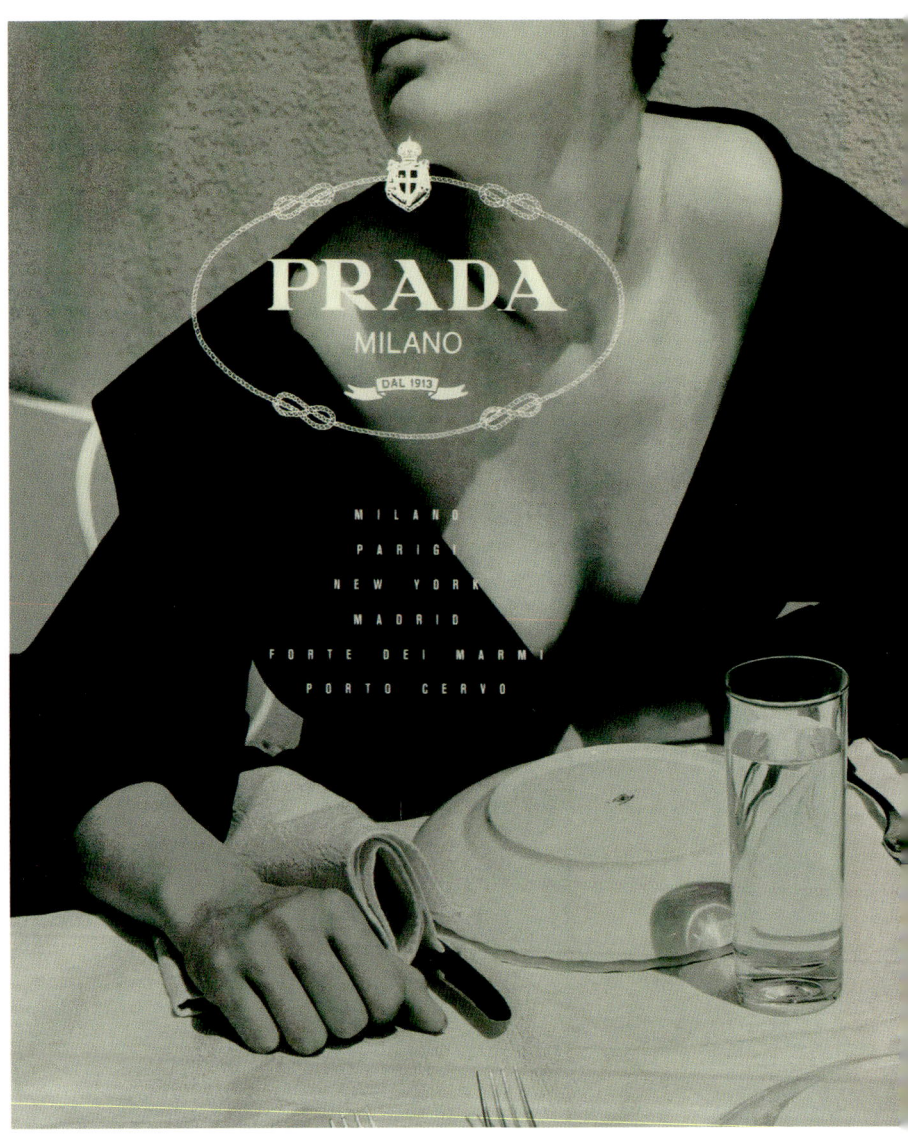

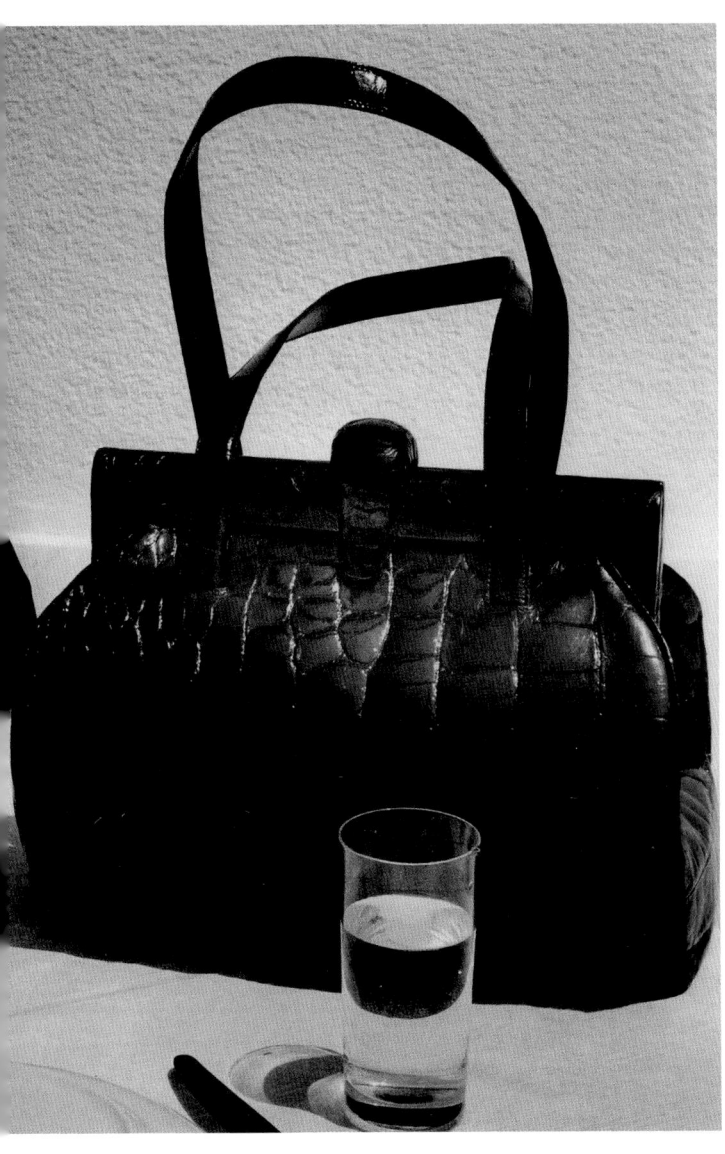

En una de las primeras campañas de Prada, la de la colección Otoño-Invierno 1988-1989, fotografiada por Albert Watson, ya se intuía el gusto de la diseñadora por prescindir de las poses clásicas.

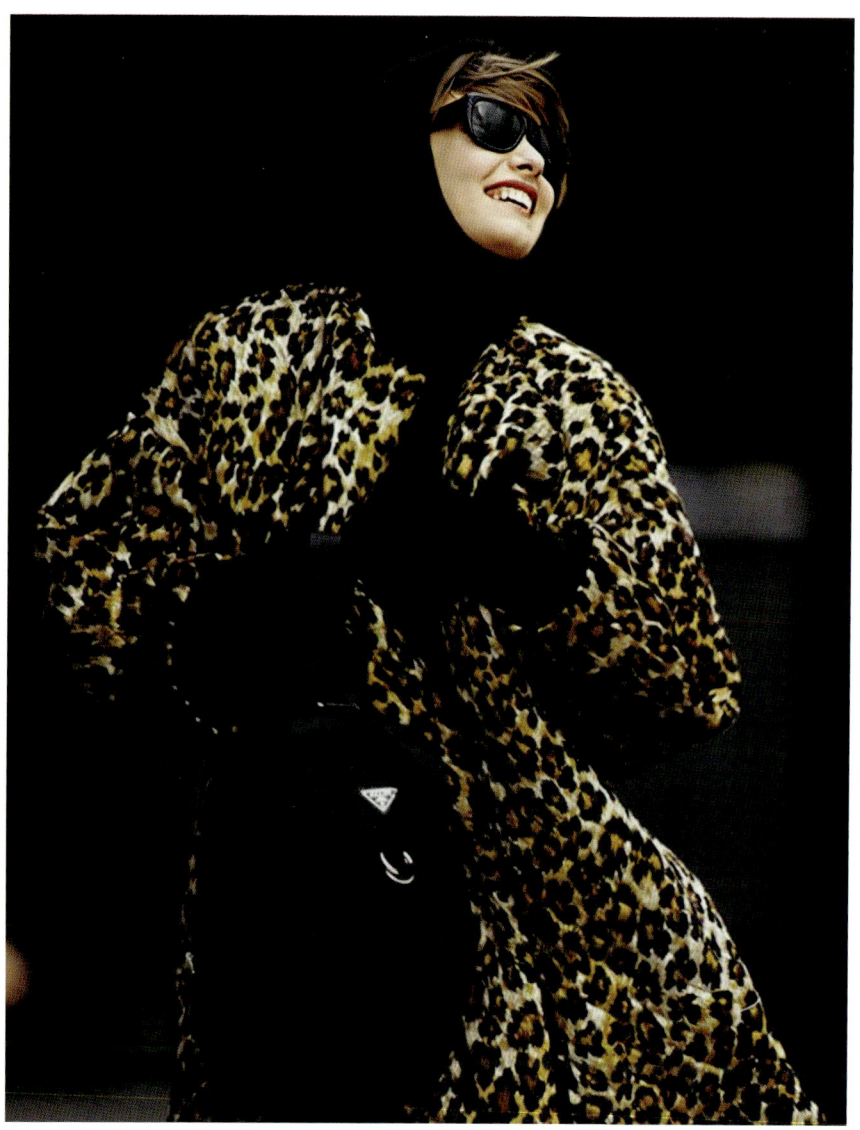

PRADA

italianas, pero por aquel entonces Miuccia respetaba el proceso familiar: todo se cortaba a mano y se cosía a mano, ya fuera cuero de primera calidad o, en este caso, nailon técnico.

«El nailon era una idea política, no únicamente estética. Significaba resistencia a lo que todo el mundo pensaba que era el lujo», comentó la diseñadora en una entrevista con *Vogue*. Aquel fue el primer bolso claramente minimalista de la historia de la moda; sin materiales nobles, sin decoración, más parecido a una mochila de montaña que a un accesorio exclusivo. Más si cabe, en una época, la década de los 80, en la que la tendencia imperante tenía que ver con los diseños excesivos y cuajados de detalles banales. Prada quería demostrar que la moda podía desafiar la idea transitoria de belleza y que, a su vez, el lujo podía ser sencillo y funcional.

El éxito fue casi instantáneo. Todas las revistas comenzaron a fotografiarlo, situando a la marca en el mapa fuera de las fronteras italianas. En poco tiempo, la firma se creó una clientela fiel, centrada en un perfil de mujeres que podían permitirse el lujo pero rechazaban los accesorios banales en pos de una estética rigurosa, más centrada en el diseño que en los grandes logos. Con los años se han creado infinitos modelos de nailon, quizá la línea más perenne de la marca. Y, cuatro décadas más tarde, sigue siendo su gran éxito de ventas, además de la primera idea audaz que Miuccia tuvo como rechazo al sistema de convenciones de la moda. Vendrían muchas más, pero aquella mochila fue el primer paso para crear toda una estética alejada de los estereotipos relacionados con «lo bonito», «lo sofisticado» o «lo elegante» que aún hoy siguen marcando el curso de la moda contemporánea. También fue el producto que les permitió a Bertelli y a ella expandirse inter-

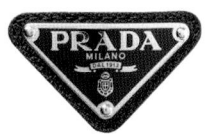

A la izquierda, imagen publicada por la edición americana de *Vogue* en 1988, en la que la modelo luce la famosa mochila de nailon. Arriba, el logo que creó Miuccia y que sigue vigente hasta hoy, con pequeños matices.

nacionalmente: los márgenes del beneficio que daba una mochila de nailon, mucho más barata de crear que un bolso de cuero, hicieron que en cuestión de una década la facturación de Prada fuera mucho mayor de la que tenía cuando Miuccia se hizo cargo de la empresa. Se desconocen las cifras exactas —la marca aún no cotizaba en bolsa y no tenía la obligación de detallar ganancias—, pero sí se sabe que, a finales de los 70 Fratelli Prada se consideraba una marca demasiado tradicional, pasada de moda, a la que solo acudía la antigua aristocracia y burguesía milanesas, y que, en cambio, a finales de los 80 Prada escribía ya el inicio de una historia que cambiaría el discurso de la moda global.

> *El nailon era una idea política, no únicamente estética. Significaba resistencia a lo que todo el mundo pensaba que era el lujo*
>
> MIUCCIA PRADA

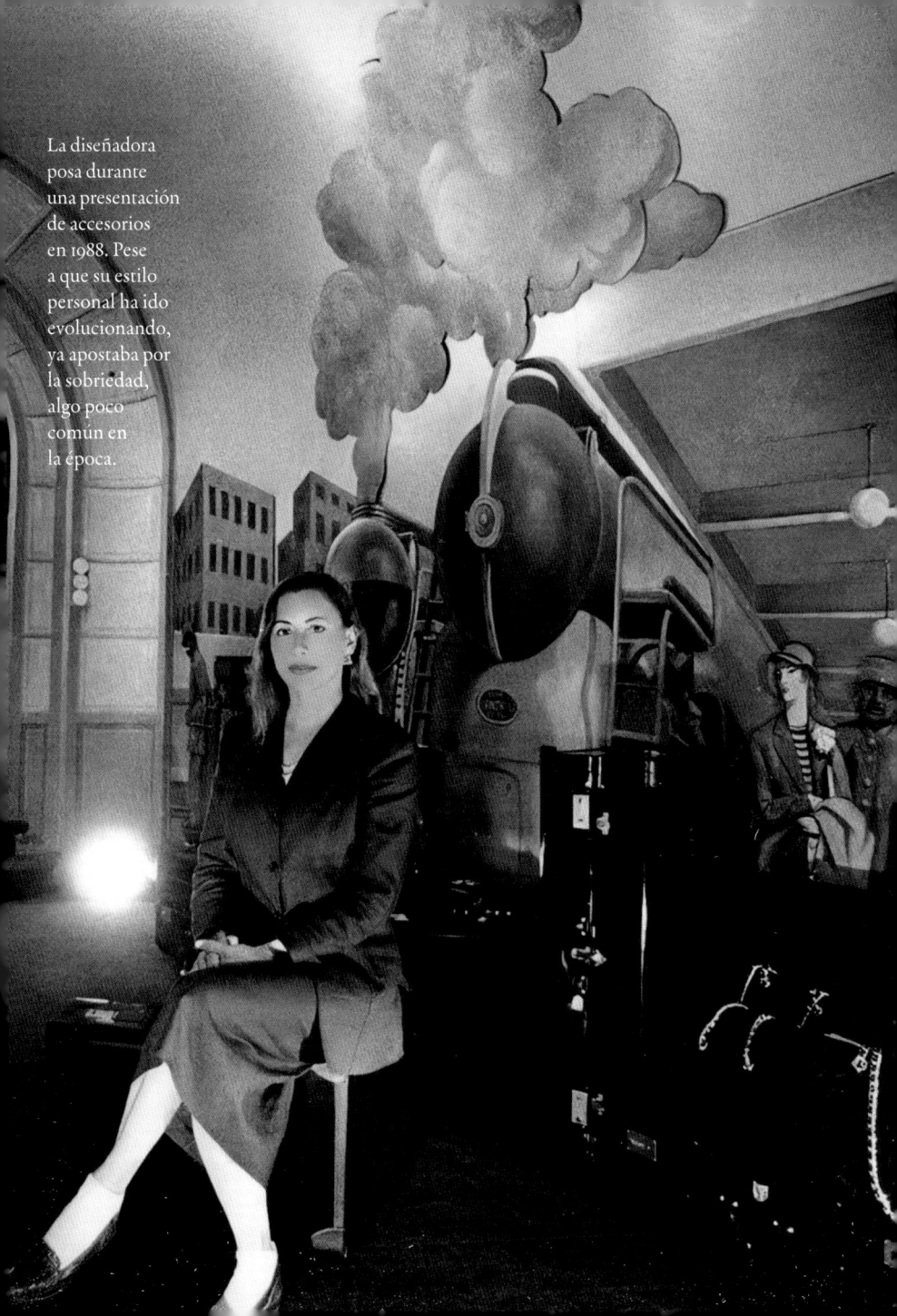

La diseñadora posa durante una presentación de accesorios en 1988. Pese a que su estilo personal ha ido evolucionando, ya apostaba por la sobriedad, algo poco común en la época.

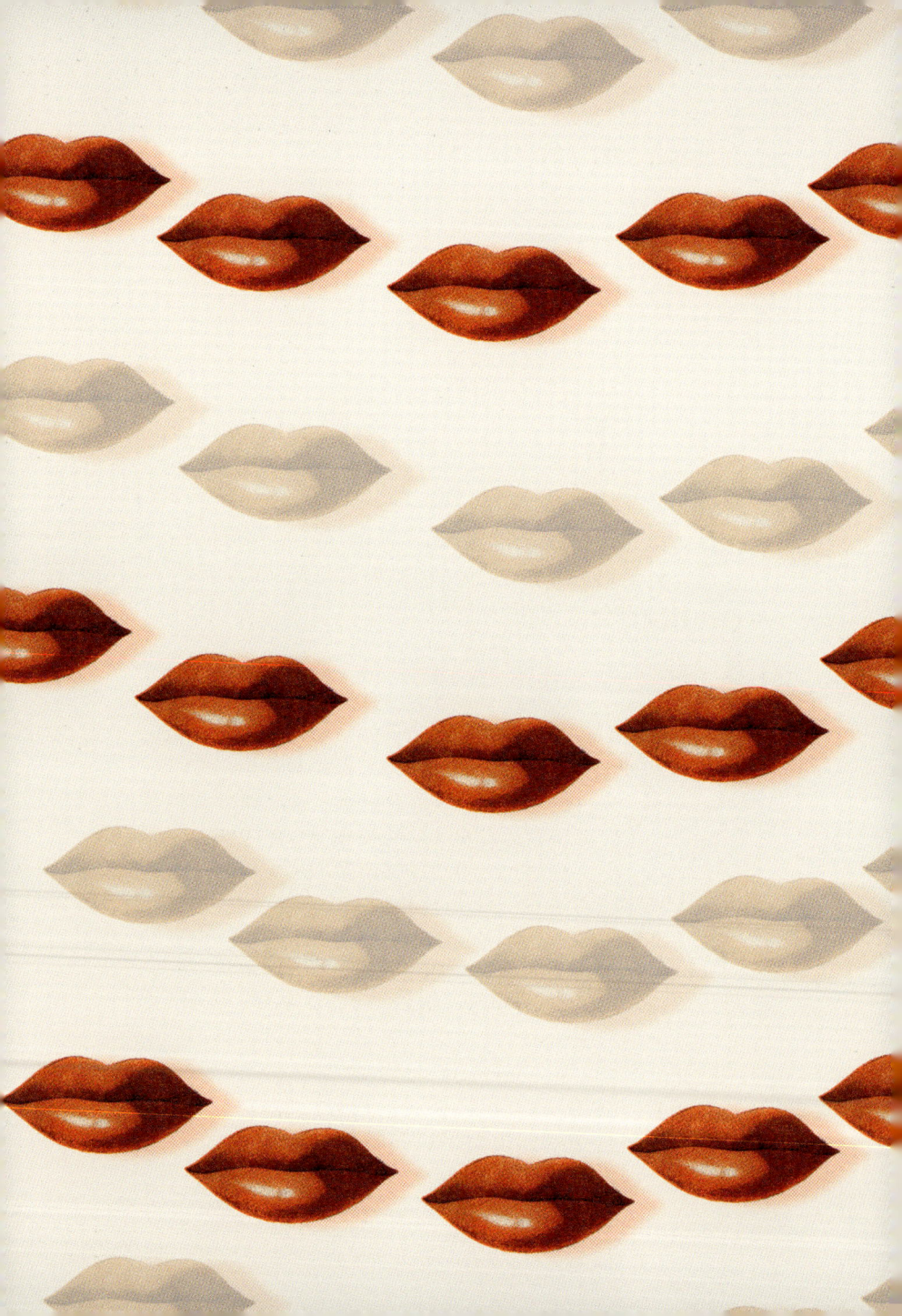

EL PODER DE LO FEO

En febrero de 1988, el diario especializado en moda *Women's Wear Daily* anunciaba que Prada, «la diseñadora de accesorios», daba el salto al *prêt-à-porter*. Y es que ese mismo mes, la firma presentaba su colección de otoño-invierno en un palacete milanés frente a unas decenas de personas, no demasiadas, dado que hasta el momento solo contaba con un gran éxito en su haber —una mochila de nailon— y aún no se la consideraba una diseñadora de calado internacional. Aquel desfile, de 53 salidas, generó opiniones encontradas, pero no dejó indiferente a nadie.

En aquel momento, finales de los 80, imperaba una moda ostentosa, maximalista y hasta cierto punto, exagerada. Eran años de prosperidad económica, y el ambiente hedonista había generado una estética basada en el exceso. Triunfaban las siluetas de hombros afilados, cintura de avispa y colores ácidos diseñadas por Thierry Mugler y Claude Montana, la ironía de Franco Moschino y un joven Gianni Versace, que, con sus mujeres explícitamente sexis, comenzaba a perfilarse como el gran diseñador del cambio de década. Miuccia Prada, sin embargo, debutó en la pasarela milanesa con un desfile teñido de azul marino, negro y marrón, colores que además hacía combinar entre sí, cuando las convenciones del buen gusto dictaban lo contrario. Sus prendas eran rigurosas y austeras: faldas y chaquetas que evocaban a las institutrices de los años 40, chaquetas con bolsillos que parecían sacadas de la indumentaria militar o trajes sastre de corte recto que ocultaban las formas femeninas. Por si fuera poco, en la época en la que comenzaban a despuntar las supermodelos (Linda Evangelista, Claudia Schiffer o Naomi Campbell, entre otras), Miuccia sacó a desfilar a mujeres que encajaban con cánones de belleza más realistas y, lo que quizá resultó más llamativo, de generaciones distintas.

Como ocurrió con la mochila de nailon, la idea fundamental de la diseñadora era alejarse no solo de lo obvio y de las modas de aquel periodo, sino también desafiar la idea tradicional de qué es lujoso y qué no lo es. Rechazó de forma extrema todo lo relacionado con lo decorativo y llamativo para centrarse en la tela, el corte y el rigor de las prendas; en definitiva, una moda más intelectualizada y conceptual que meramente visual. Una moda que, además, se asemejaba a su propia forma de vestir. Desde joven, Miuccia, una militante política aficionada al arte contemporáneo que estudiaba para convertirse en mimo, había desarrollado un atuendo personal

Primera colección de *prêt-à-porter* de Prada, la Otoño-Invierno 1988. La diseñadora sorprendió a la prensa con un desfile austero, de prendas básicas y líneas limpias.

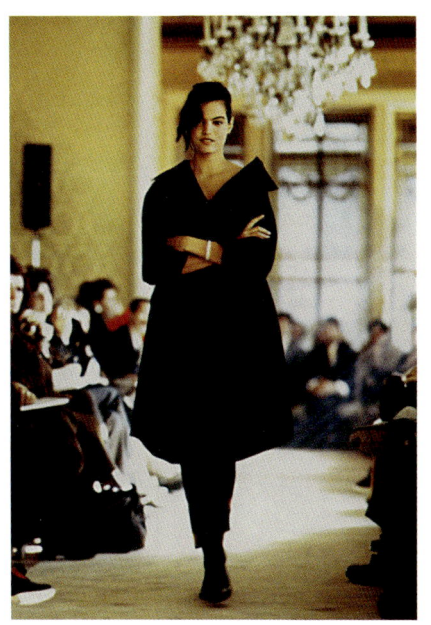

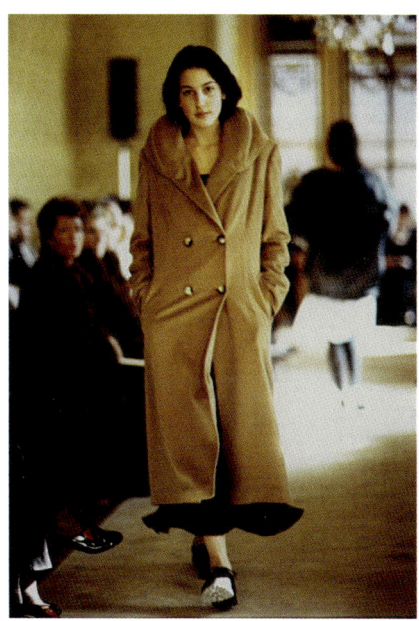

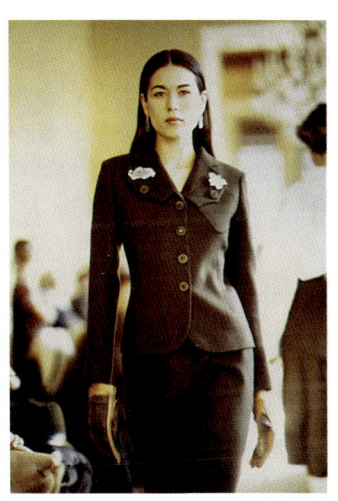

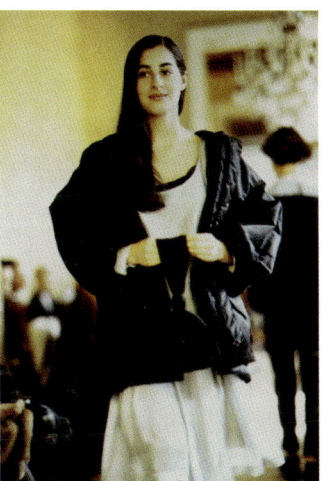

propio: abrigos de Yves Saint Laurent, mocasines con calcetines y faldas rectas por debajo de la rodilla. Apreciaba y conocía
la moda del pasado, pero la llevaba a su terreno para reflejar
que ella estaba por encima de estilos efímeros. Sus colecciones
fueron una traslación de su propia aproximación al vestuario.
Y lo siguen siendo. Miuccia siempre viste de sus firmas, mezclando piezas de distintas épocas para demostrar que las tendencias no van con ella ni con sus diseños.

En cualquier caso, aquel desfile sentó las bases del estilo
Prada, que, pese a haber evolucionado con el tiempo, no ha
perdido su esencia; ella y su equipo han logrado que, en términos generales, cada colección (y lleva cerca de 100) sea dis-
tinta de la anterior, pero conserve una especie de aura que la
hace reconocible. Prada juega a mezclar opuestos, a deconstruir ideas establecidas (de la belleza a la feminidad pasando
por el romanticismo o la propia idea de elegancia) y, por encima de todo, huye de lo establecido. Cuando, ya en los 90, las
crisis económicas y sociales dieron lugar a una oleada de diseñadores minimalistas, con Calvin Klein y Jil Sander a la cabeza, Miuccia dejó de lado la discreción y la austeridad para ir
mucho más allá y se convirtió en una diseñadora «feísta».

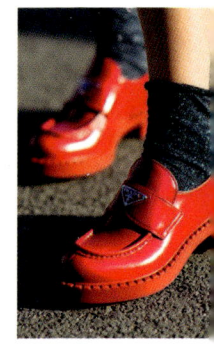

Mocasines rojos
de Prada, un
modelo de
zapato que,
pese a haberse
sometido a
múltiples
variaciones, ha
estado presente
desde los años
80 y hoy es el
modelo más
vendido de
la marca.

CONTRA LA BELLEZA

En 1986, antes de que Miuccia comenzara a diseñar prendas,
el éxito de sus accesorios de nailon hizo que ella y Bertelli decidieran salir de las fronteras italianas y abrir su primera tienda en la calle 57, en pleno Upper East Side neoyorquino. Sus
primeras colecciones, aunque suscitaron opiniones encontra-

Lo feo es atractivo, lo feo es emocionante. Tal vez porque
es algo nuevo y lo nuevo siempre es intrigante

MIUCCIA PRADA

das, hallaron su nicho de mercado en una clientela adinerada
que no se sentía identificada con la tendencia del momento.
Mujeres que por fin accedían a puestos de poder en el mercado
laboral pero que no se sentían cómodas con lo que se llamó el
power dressing, es decir, la traslación del traje de chaqueta masculino al cuerpo femenino que encumbró a la fama a Giorgio
Armani en los 80 (y que tan bien ejemplificó la película *Armas
de mujer*). La de Prada, en cambio, era una clientela que no
quería renunciar al lujo pero que también deseaba demostrar
que su aproximación a la moda tenía que ver más con lo intelectual que con lo estético.

De hecho, resulta curioso que la primera tienda que abrió
Prada en Europa, al margen de Italia, fuera en Madrid, en 1988,
y no en otras capitales de la moda como París (aquella tienda
llegaría mucho después, en 1995). Echando la vista atrás, tiene
sentido: los últimos coletazos de la transición democrática y
de la llamada movida madrileña trajeron consigo la independencia de un grupo de mujeres burguesas que finalmente tenían voz y voto en asuntos sociales y políticos, y que, por eso
mismo, eran el perfil perfecto para vestir de Prada.

Pero algo cambió a mediados de los 90. Las guerras en Irak
y los Balcanes y la consiguiente crisis económica global hicieron que se acabaran de un plumazo esos excesos hedonistas
que la moda propagaba en la pasarela. El auge de la música y
la estética *grunge* fue la respuesta cultural al momento. Y la réplica en la moda vino de manos de un grupo de diseñadores,

como Calvin Klein, Jil Sander o Helmut Lang, que apostaban por el minimalismo, es decir, por prendas de apariencia básica y austera, con patrones y calidades perfectos; precisamente esa no ostentación que Miuccia llevaba comunicando desde su debut como diseñadora de *prêt-à-porter*.

En septiembre de 1995, Prada presentó su colección Primavera-Verano 1996 en Milán. Esta, si bien seguía los patrones funcionales y discretos del minimalismo, contenía algo más: elementos pasados de moda. Colores como el verde pistacho o el marrón oscuro, sandalias de aspecto ortopédico y una mezcla de estampados inspirados en papeles pintados de los 70 se combinaban entre sí, acentuando sus disonancias. Los críticos definieron la colección como *ugly chic*, «feísmo sofisticado». «Mucho antes de que Silicon Valley legitimara al *geek*, lo hizo Miuccia Prada», contaba en retrospectiva *Vogue* sobre aquella colección. «Pensaron que era una cuestión de mal gusto, pero no era tanto eso. Aún hoy, creo que hay una parte del mundo de la moda, la parte más conservadora, que sigue agarrándose a ideas de belleza y glamur que son demasiado obvias y demasiado viejas», afirmaba la propia Miuccia en una entrevista en 2012.

Lo cierto es que el feísmo no era un concepto nuevo en moda. A finales de los 80, diseñadores japoneses como Rei Kawakubo o Yohji Yamamoto ya desafiaron las férreas convenciones de la moda parisina con diseños (muchas veces negros, sobre todo los de Yohji) en los que los elementos deconstruidos y las técnicas inacabadas o poco convencionales también formaban parte de las prendas. En su caso, tenía sentido: habían crecido en la época postnuclear y su trabajo se centraba en la destrucción y su consiguiente regeneración. Enfocados en la idiosincrasia cultural japonesa, en sus inicios sus creaciones eran aptas (y «apete-

Desfile de Primavera-Verano 1996, que inauguró la tendencia feísta con combinaciones inesperadas como la de la imagen, donde la modelo luce una gabardina con un culote estampado.

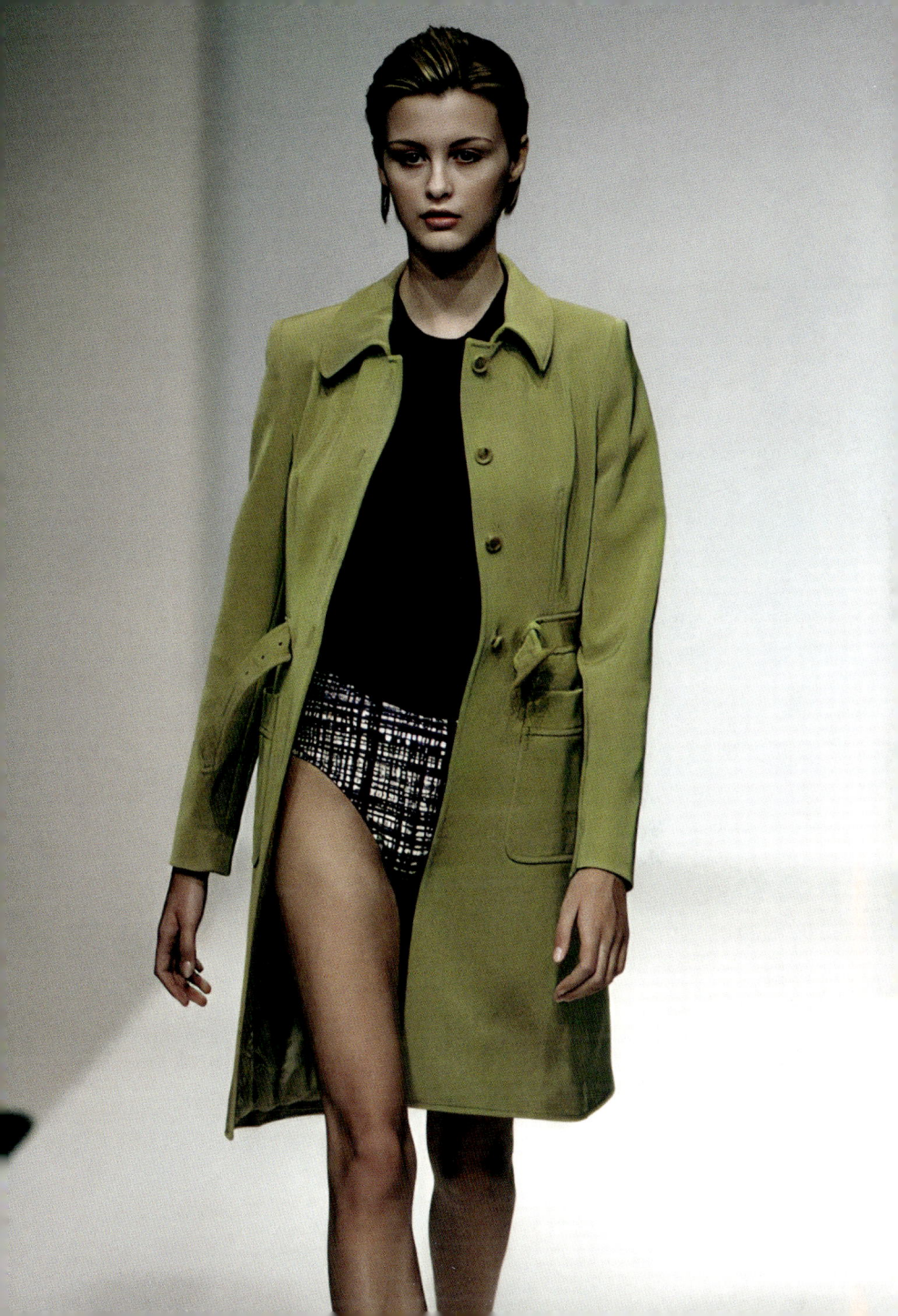

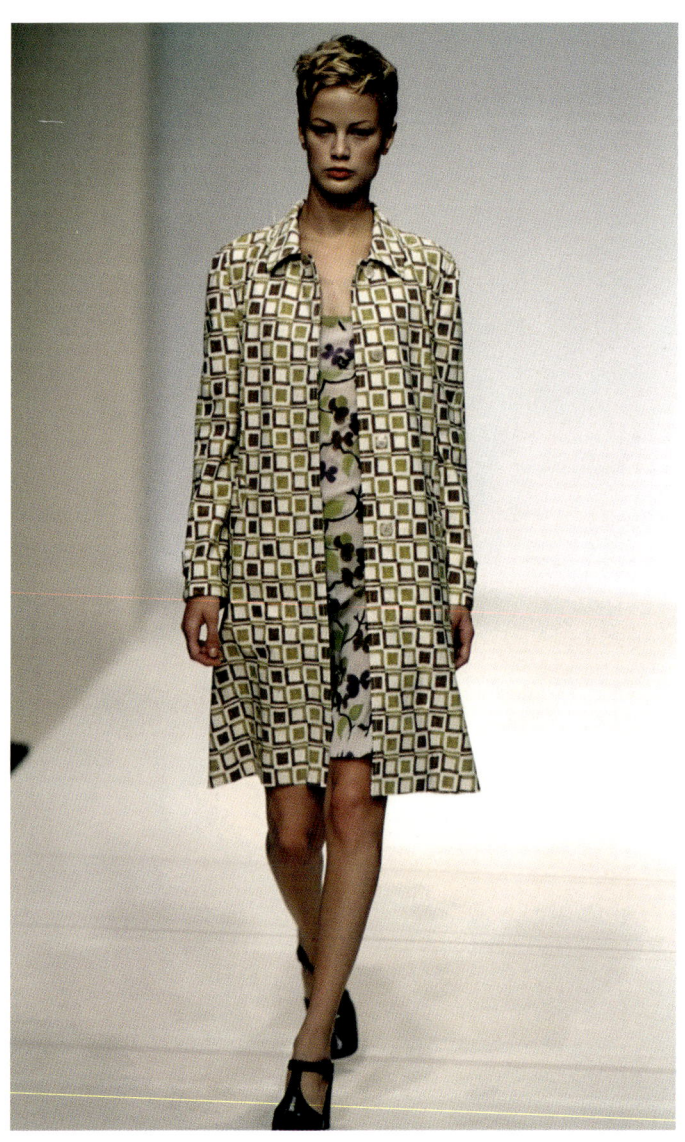

Dos imágenes del mismo desfile de 1996 al que la prensa bautizó como *ugly chic* por la utilización que hizo Prada de colores considerados poco atractivos, como el marrón, y de estampados pasados de moda.

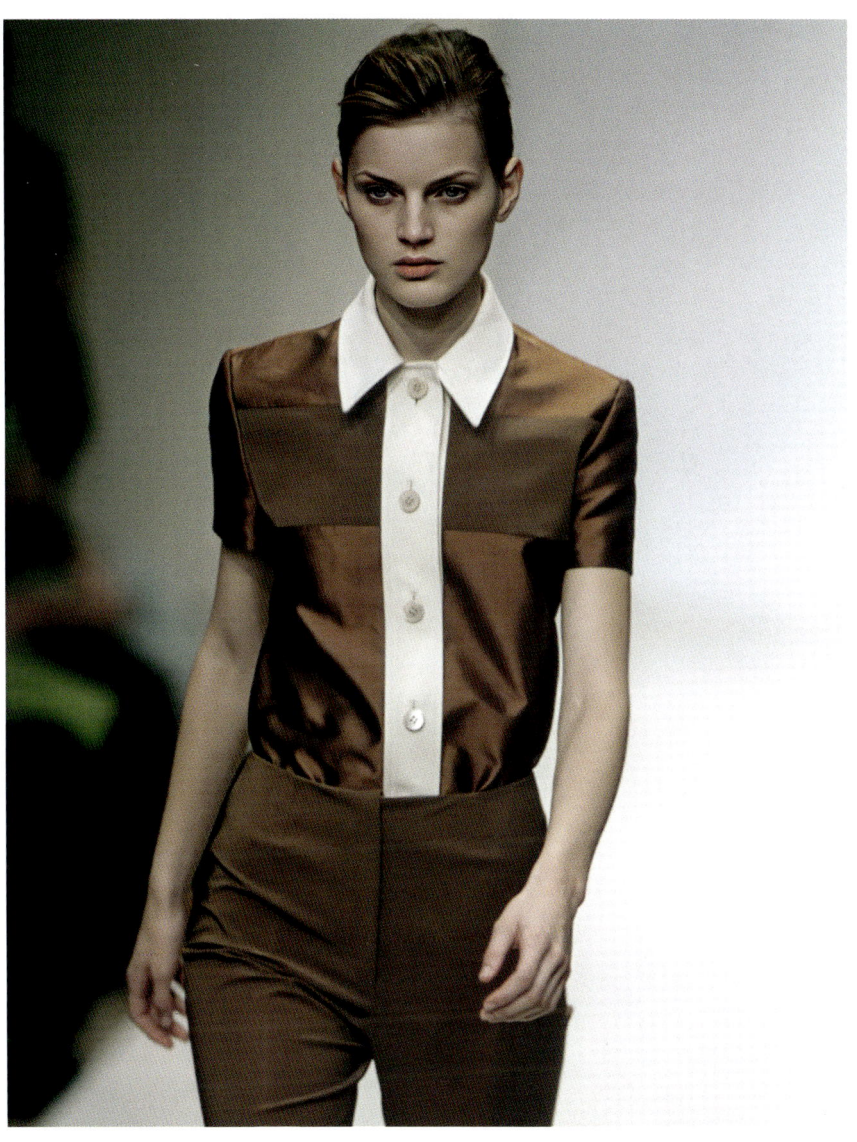

cibles») sobre todo para los expertos en moda, que veían en su modo de aproximarse a la moda un soplo de aire fresco. Prada fue más allá: sus prendas eran perfectamente llevables por el público general, con el matiz de que parecían de otra época.

Aquel desfile fue el inicio de su etapa feísta, que poco a poco fue aceptándose y ganando adeptos. En reiteradas ocasiones, Miuccia ha manifestado que su interés se centra en explorar lo que denomina «fealdad interesante». No pretende simplemente crear prendas pasadas de moda, sino reflexionar sobre por qué algo trasciende los límites de la belleza en un determinado momento, como si la belleza siguiera unas reglas sociales preestablecidas y lo que está fuera de ella pudiera proporcionar más libertad social y creativa. «Lo feo es atractivo, lo feo es emocionante. Tal vez porque es algo nuevo y lo nuevo siempre es intrigante», ha comentado más de una vez. Tener la capacidad de salirse de los márgenes del sistema y que, haciéndolo, la clientela responda efusivamente es quizá su gran talento. Ni tan feo como para ser desdeñado, ni tan bello como para ser asumido con complacencia, ese sería el poder de Prada que hace que, 40 años después, siga siendo una marca única en su especie.

MIU MIU Y LA NUEVA FEMINIDAD

Poco antes de que Prada diera el salto oficial hacia el feísmo, en 1993 la empresa amplió su ámbito de influencia con dos hitos que a la larga resultaron fundamentales: el primero fue adentrarse en el mundo de la moda masculina, y el segundo, crear Miu Miu, una línea secundaria bautizada con el apodo de la diseñadora.

La ropa masculina de Prada ha seguido la misma estética minimalista y feísta que la femenina: tejidos técnicos mezclados con materias primas nobles, austeridad, estampados pasados de moda y una reinterpretación del eterno traje de chaqueta para hombre llevado a un extremo casual y hasta lúdico.

Poco a poco, las fronteras entre el armario masculino y el femenino se han ido difuminando en Prada, hasta el punto de que sus desfiles de hombre, celebrados en enero y junio, anticipan lo que probablemente se verá en los de mujer, realizados en febrero y septiembre. No obstante, la suya no es una mera traslación del armario de un género al otro.

La moda está llena de ejemplos de cómo el armario masculino se ha apoderado del femenino, como en el citado *power dressing* de Armani o, en el pasado, con el celebrado esmoquin femenino de Yves Saint Laurent. Ambos, salvando las distancias, argumentaban sus diseños hablando del poder y la independencia femeninos, de ahí la idea de vestir a la mujer con el atuendo simbólico del género que ostenta históricamente ese poder e independencia. Pero Prada fue más allá de esa traslación literal. Al rechazar la representación tradicional de la mujer como objeto de belleza ideal, introdujo una estética más compleja, intelectual y enigmática. Y por eso se pudo permitir hacer lo mismo con los arquetipos masculinos. Un claro ejemplo es la colección femenina Otoño-Invierno 1997-1998, en la que incorporó de forma consciente prendas asociadas a ambos géneros que, en su imaginario, casan a la perfección: con su línea masculina ya en activo, Prada comenzó a mostrar en sus desfiles trajes de chaqueta con un patrón desestructurado que bien podía servir para ambos géneros. También chaquetas que bebían del uniforme utilitario de los obreros, y las combinó con

DEPORTE EXCLUSIVO

Ahora es un estilo comúnmente aceptado, pero hasta hace algo menos de una década las prendas deportivas no estaban bien vistas en las marcas de lujo, y mucho menos en las pasarelas. Sin embargo, Prada lleva tomando prestados elementos del deporte casi desde los inicios de su línea de *prêt-à-porter*. A diferencia de Chanel, que revolucionó el armario del siglo XX redefiniendo prendas de *sport*, la incursión de Prada en lo deportivo fue más implícita: diseñó a partir de tejidos técnicos como el nailon, incorporó capuchas y cremalleras a prendas formales, e integró prendas de esta línea a sus colecciones principales, y viceversa. En 2019, Prada inició una colaboración con Adidas que incluía las zapatillas modelo Superstar y el bolso Bowling de la firma milanesa. Tres años más tarde crearon una colección con el nailon marca de la casa y poco después lanzaron su primera línea de botas de fútbol.

La colaboración de Prada con Adidas supuso un hito en la nueva unión entre lujo y deporte. Posteriormente, Gucci lanzó la suya propia con la marca alemana, y Prada ha seguido explorando este mercado con una colaboración reciente entre New Balance y Miu Miu.

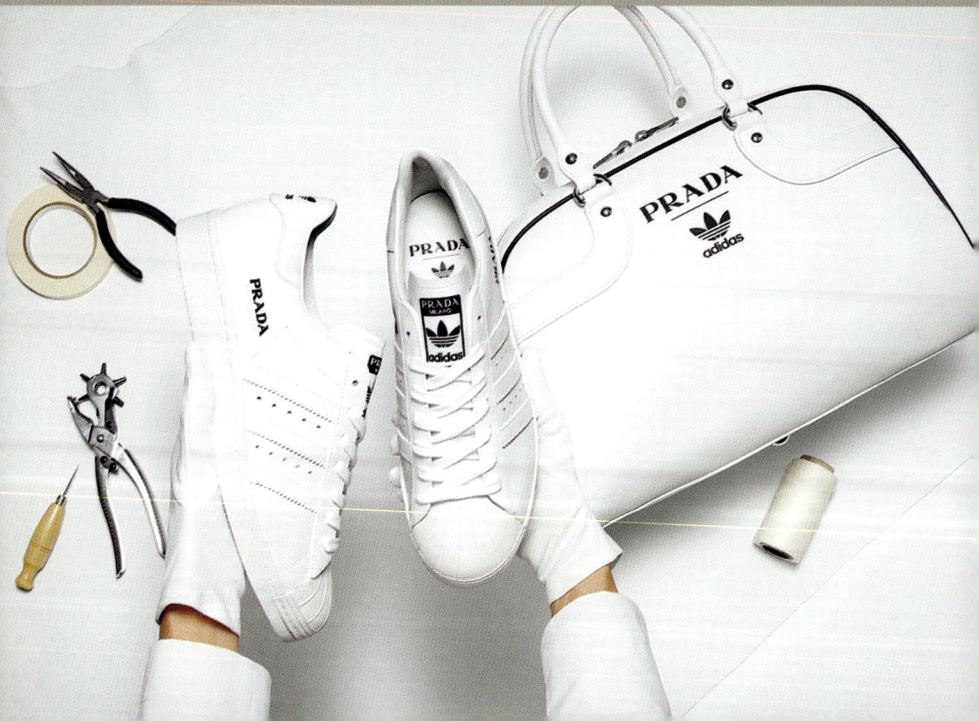

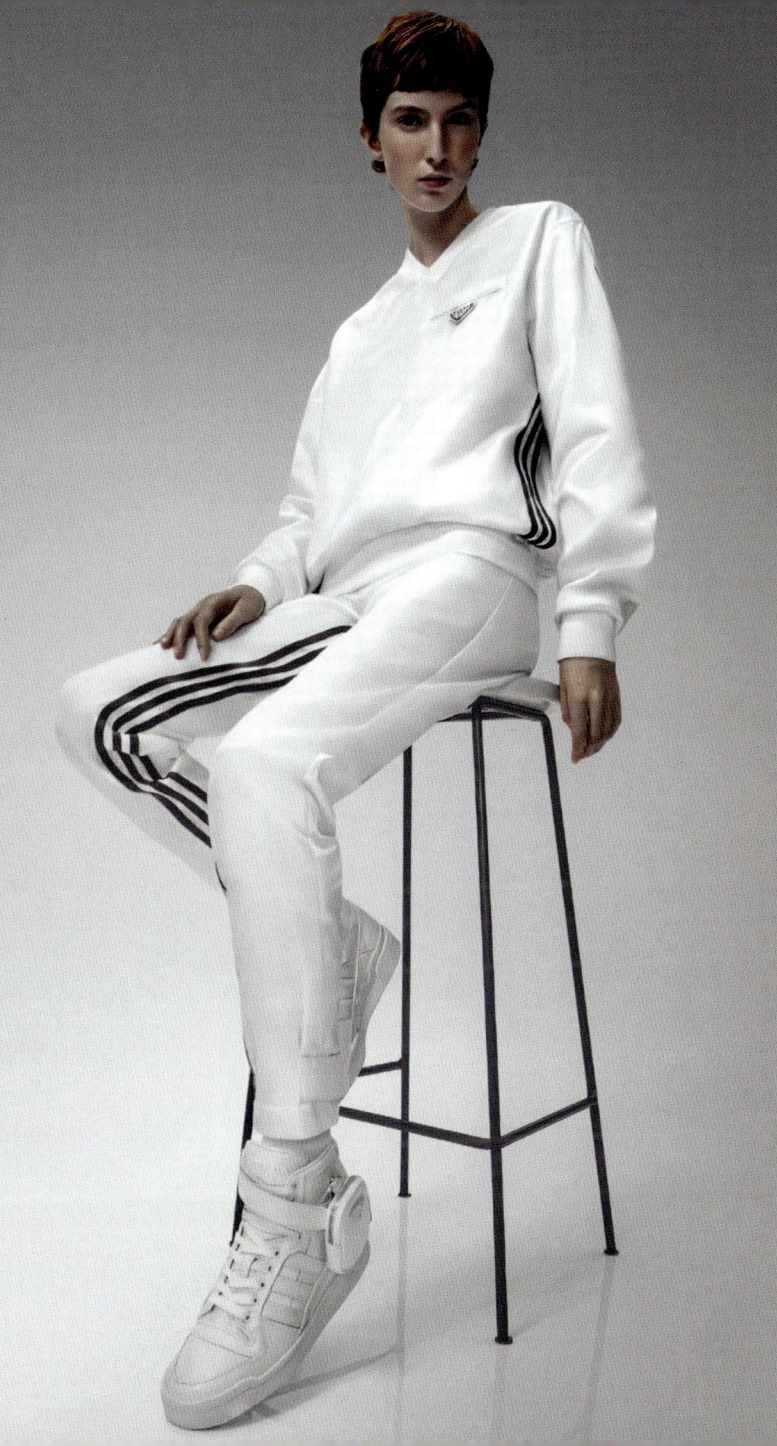

vestidos y tops lenceros o piezas de colores pastel, es decir, con prendas arquetípicas de lo femenino en el imaginario de la moda. Ahora es una dinámica habitual, no solo en pasarelas, también en la calle, llevar prendas *oversize* y jugar con lo utilitario, lo romántico y lo funcional, pero en aquel momento, hace casi tres décadas, Prada fue pionera en llevar a cabo estas mezclas.

1993 fue también el año en el que Miuccia Prada y Patrizio Bertelli crearon Miu Miu, la segunda línea de la empresa, hoy concebida como una firma de lujo por derecho propio. A diferencia de su línea principal, Prada creó Miu Miu para explorar su lado más juvenil y lúdico. Basándose, según ha comentado en varias entrevistas, en su propio uso de la moda cuando era una adolescente, la diseñadora supo capitalizar esa angustia juvenil de los 90, que condensaría en la estética *grunge*, en una marca de moda que rompía con la idea de lo cursi y lo romántico exagerándolo hasta subvertirlo. En sus primeras colecciones se inspiró, de hecho, en la moda de los años 40 y 50 —las décadas que supusieron un retroceso en lo que respecta al papel de la mujer y, en consecuencia, a su estilo, mucho más incómodo y recargado— para darle la vuelta a su significado: en Miu Miu, el rosa era punk, los corsés se convertían en tops y las perlas pasaban a ser elementos decorativos de zapatos o bolsos, descontextualizando así su mensaje.

Con el tiempo, los valores de Miu Miu y de Prada, la marca principal, han ido intercambiándose: tanto hay colecciones de Miu Miu que beben del feísmo y el minimalismo, como colecciones de Prada repletas de lazos, colores pastel y referencias a los años 50. Sin embargo, Miuccia ha sabido mantener separados de alguna forma ambos trabajos; no solo porque Miu Miu desfila en París y Prada, en cambio, lo hace en Milán

Desfile de Primavera-Verano 1995 de Miu Miu, la línea joven de Prada. En esta colección exploraba los límites entre la lencería y las prendas de exterior.

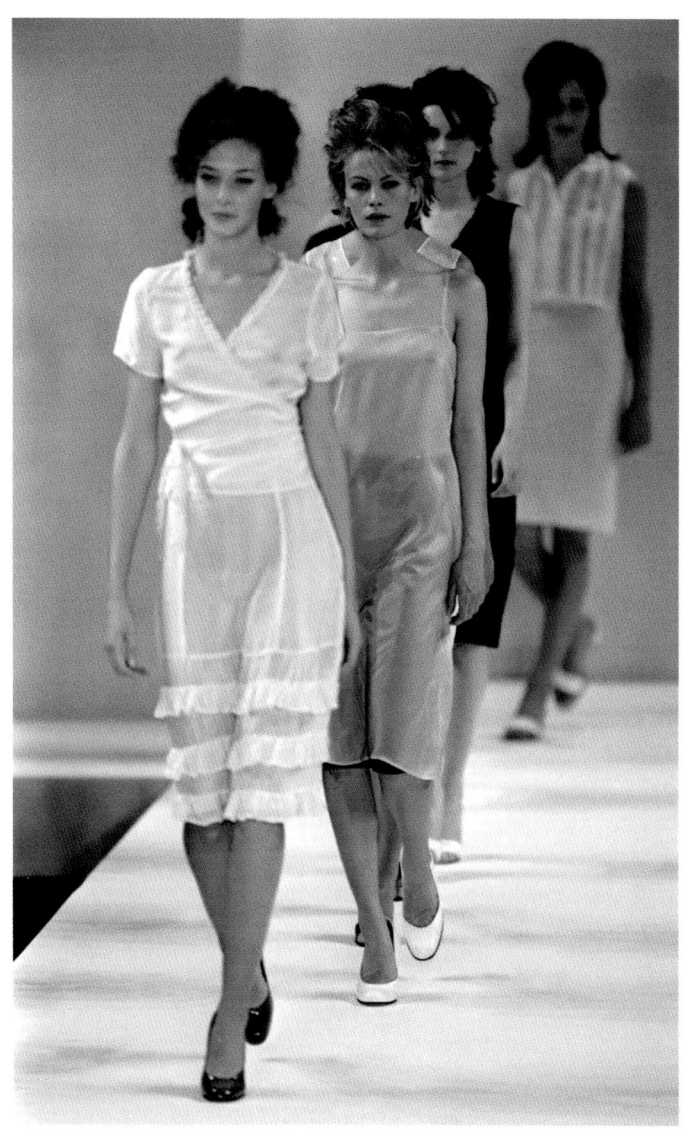

un mes antes, sino también porque las prendas de la primera son más estandarizadas por separado (camisetas, sudaderas, pantalones o zapatillas deportivas) mientras que las de la segunda siempre están repletas de elementos decorativos discordantes que las convierten en objetos de culto difíciles de llevar por sí mismos. Aun así, con ambas líneas la creadora milanesa ha roto definitivamente los estándares de la feminidad que la moda lleva manejando durante más de un siglo, es decir, desde que la moda se erigió como industria global.

Sin ir más lejos, en la colección Otoño-Invierno 2023-2024 de Miu Miu a las modelos se les veía la cinturilla de las medias por encima de la falda, iban despeinadas y llevaban los bolsos abiertos repletos de cosas. Puede parecer un ejemplo banal, pero si se hizo viral en su momento fue porque representaba una idea realista de lo que significa vivir en estos tiempos; lo hacía, además, en un contexto, el de la Semana de la Moda de París, donde por norma se presenta la cara más estética y estilizada de lo que es la moda. Y para la misma colección Otoño-Invierno 2023-2024 de Prada, Miuccia diseñó, entre otros *looks*, unas batas blancas de enfermera con cola: era su forma de hablar de los cuidados, esa tarea no remunerada siempre asociada al género femenino, y confrontarlos con los vestidos de novia, es decir, con el ideal del amor romántico.

No hay una definición de feminidad en Miuccia Prada, y quizá ese sea su mérito. La mujer Prada es real porque es compleja, y la labor de la diseñadora es acabar con esos estereotipos que la encasillan. La mujer Prada no se aproxima a la moda para estar bella según las convenciones sociales, y mucho menos para complacer la mirada masculina; no cree en la elegancia como una definición estática, y posee la suficiente ironía

Drew Barrymore fotografiada por Ellen von Unwerth para la campaña de Miu Miu de 1995. La actriz encarnaba el estilo entre lo aniñado y lo rebelde que quería reflejar la marca.

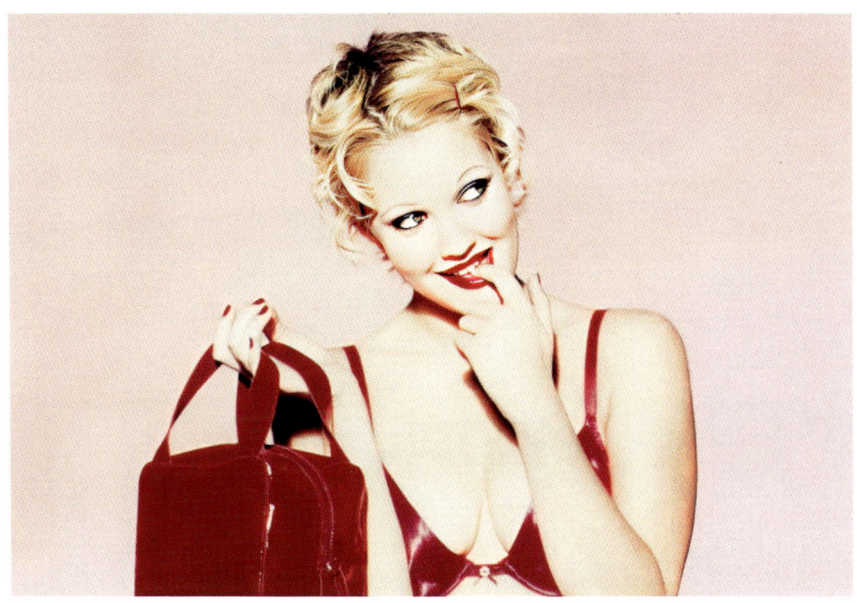

como para llevar una falda de vuelo o una chaqueta con lazos y reírse así de la cursilería. De ahí que Prada y Miu Miu tengan a día de hoy una clientela de varias generaciones y que no responde a un único perfil social, como sí suele ocurrir en otras marcas de lujo. Basta con sentirse identificada, sea cual sea la motivación, para querer formar parte de su universo.

CUESTIÓN DE OPUESTOS

Aunque, paradójicamente, muchas de sus propuestas acaban creando tendencia, Miuccia Prada siempre ha confesado que la moda le interesa como una expresión de individualidad radical.

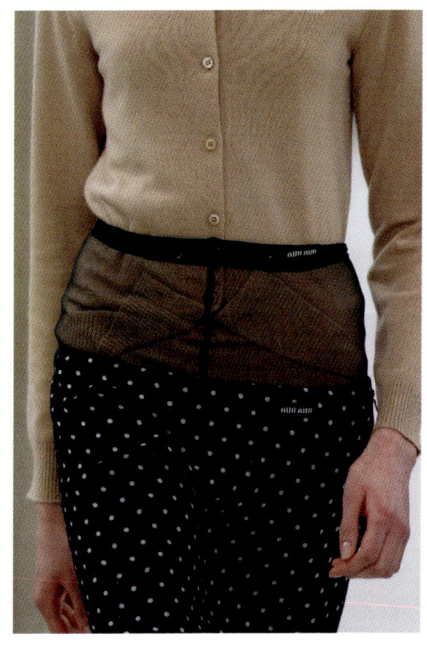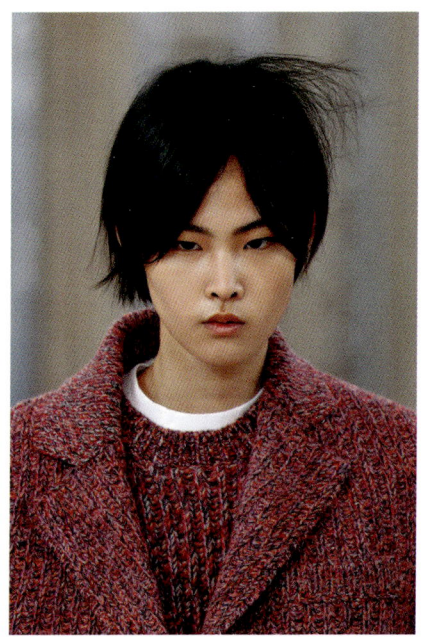

Ese propósito de hacer de la moda algo propio y auténtico lo logra mezclando ideas opuestas: en su ya mencionada colección Otoño-Invierno 1997-1998, ya se intuía, por ejemplo, cómo le gusta combinar lo formal con lo casual, con aquellos vestidos de seda bordados y estampados sobre abrigos estructurados de corte masculino, o con las faldas de corte lencero combinadas con chaquetas que remiten a uniformes de trabajo.

Y dos años más tarde, en el desfile de Primavera-Verano 1999, la marca jugaba a mezclar lujo y deporte, algo pionero en aquel momento. Las prendas simulaban ser técnicas, pero estaban confeccionadas con tejidos como la seda o el satén. Es decir, si 10 años antes había revolucionado la industria creando

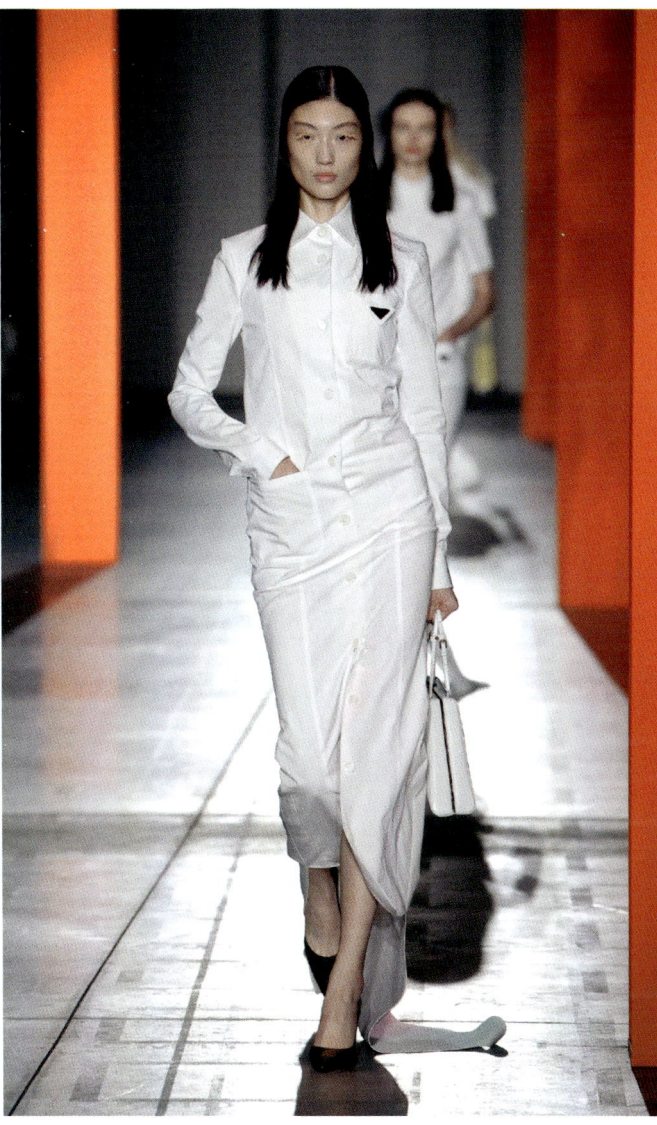

En la página anterior, detalles de la colección Otoño-Invierno 2023-2024 de Miu Miu, una de las más exitosas en la historia de Miuccia Prada, donde las modelos reflejaban los «errores» cometidos en el vestuario y en el peinado dada la frenética rutina. En esta página, desfile de Otoño-Invierno de Prada del mismo año, donde las batas de enfermera se convertían en vestidos de novia con cola: una forma de deconstruir mitos femeninos y de homenajear los cuidados.

un bolso de nailon (el tejido técnico por excelencia) y lo había introducido en el mercado del lujo, en esta ocasión recorría el camino inverso: utilizaba los elementos del lujo para crear ropa técnica, e introducía riñoneras y zapatos planos de corte deportivo en la ecuación. Después llegaría la colección Primavera-Verano del año 2000, que *Vogue* calificó como «la más influyente de la temporada y puede que de las siguientes». En la primera mitad del desfile, la diseñadora mostró prendas básicas en blanco; en la segunda, esos mismos básicos (polos, vestidos camiseros, faldas de tablas...) aparecieron estampados con labios y pintalabios, en homenaje a uno de sus diseñadores más admirados, Yves Saint Laurent, quien había usado el pintalabios en alguna ocasión, pero también al dúo Dalí-Elsa Schiaparelli, quienes, en los años 20 y 30, hicieron coincidir moda y surrealismo. La referencia más obvia de la colección fue el sofá con forma de labios que el artista español creó reproduciendo las facciones de la actriz Mae West, aunque la relación implícita entre los diseños de Prada y los de Schiaparelli ha dado para mucho más que un simple reportaje.

En realidad, teniendo en cuenta que la idea de la moda de Miuccia deconstruye de algún modo los estereotipos de la moda femenina (belleza, elegancia y sofisticación clásicas), no es de extrañar que una de sus mayores influencias sea la indumentaria de los años 20. En la última década, la diseñadora ha recurrido en más de una decena de colecciones al estilo de las *flappers*, es decir, a los tejidos llenos de pedrería, los flecos, la cintura baja, marcada prácticamente a la altura de la cadera, y la silueta tubular. Pero era algo que ya se intuía en sus primeros trabajos, con aquellos cortes rectos y su gusto por los estampados geométricos cercanos al *art déco*. A fin de cuentas, su idea

El desfile Primavera-Verano 1999 marcó el momento en el que la diseñadora comenzó a combinar prendas técnicas y de estética deportiva con elementos propios del lujo.

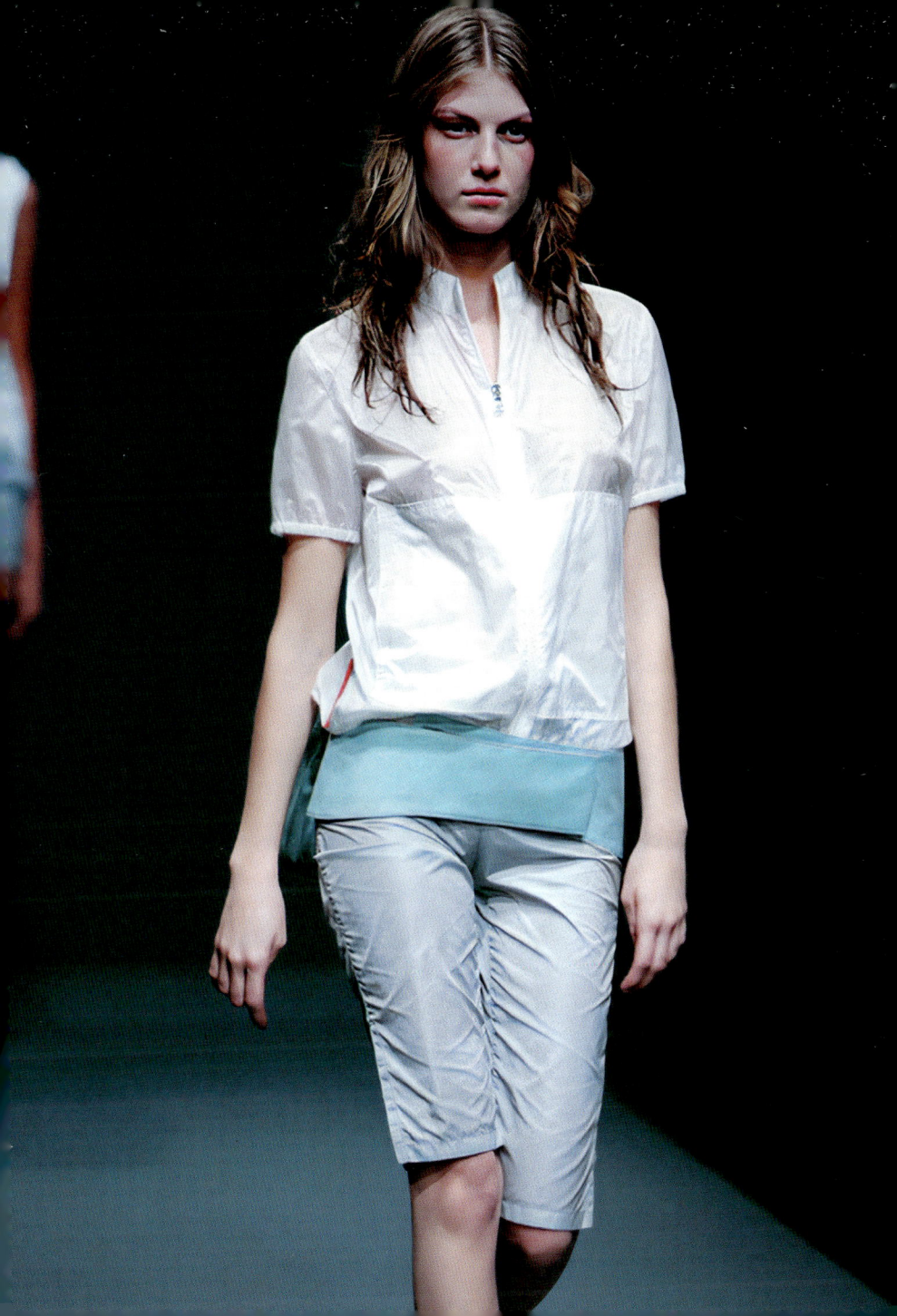

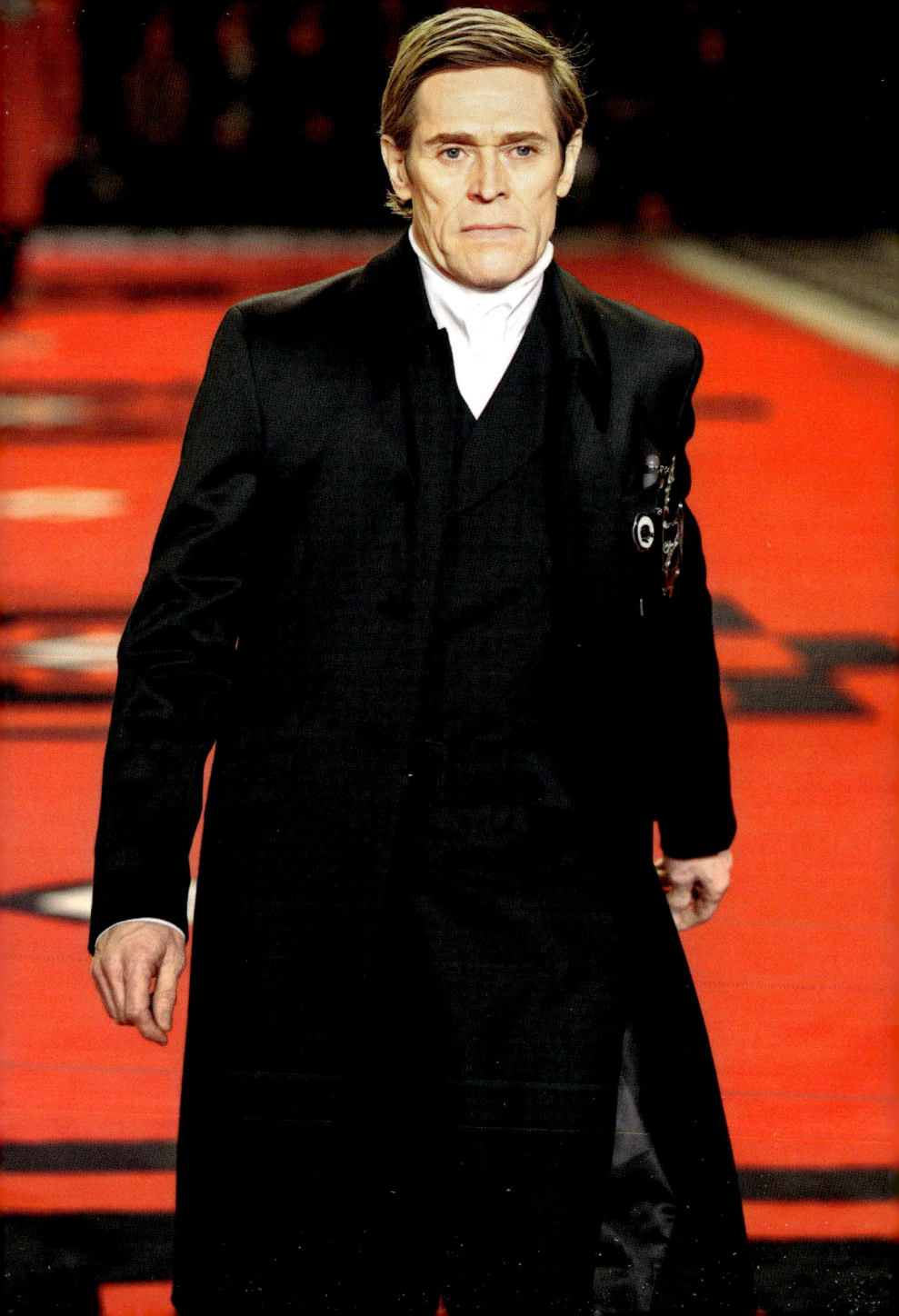

de cómo la moda debería servir a las mujeres tiene mucho que ver con esas mujeres que hace un siglo, en pleno periodo de entreguerras, decidieron desprenderse de los opresivos corsés y de los vestidos impracticables para vestir prendas más sensuales y cómodas, ideadas para poder conducir, bailar y ser dueñas de su propia vida. Esa moda, que tuvo como principal precursora a Coco Chanel, ha sido revisitada infinidad de veces, tanto por la propia Chanel como por otras firmas. Lo interesante de Prada es que esa influencia recurrente se mezcla en sus colecciones con otros elementos que no tienen nada que ver con ella, desde el deporte hasta la indumentaria militar.

También desde aquel primer desfile de la marca en 1988 se vislumbraba en los cortes de ciertas chaquetas la querencia de Miuccia por los uniformes militares, una idea a la que ha ido recurriendo tanto en su línea masculina como en la femenina. El aire de la sastrería militar aporta sobriedad e incluso austeridad a sus diseños; es un modo de decir, por un lado, que el rigor también forma parte del lujo y, por el otro, de dar poder a través de la ropa a las mujeres, demasiado dulcificadas por la moda del siglo XX. Tal es la obsesión de la diseñadora por el uniforme militar —y por introducir lo denostado en las pasarelas— que en 2012 presentó un desfile masculino titulado Los Villanos en el que varios actores conocidos, como Adrien Brody, Jeff Goldblum o Willem Dafoe, vestían como altos cargos del ejército del siglo XIX y principios del XX.

El otro gran periodo que ha utilizado Miuccia en su coctelera de elementos discordantes es la década de los 50, unos años de posguerra que devolvieron a las mujeres a sus hogares, fomentando con ello un estilo dulce y complaciente cuyo mayor exponente fue el New Look de Dior, de falda amplia y cintura

El actor Willem Dafoe, rostro habitual de las campañas masculinas de la marca, desfila para la colección Otoño-Invierno 2012-2013, de estética militar.

53

estrecha, esa estética que, en retrospectiva, los medios bautizaron como estilo *lady* y que evoca irremediablemente a las primeras damas o a las aristócratas de mediados del siglo XX. Miuccia es una admiradora declarada de esa silueta, pero lo es porque le encanta deconstruirla. Su apuesta por el estilo *lady* ya se vislumbraba en su desfile de otoño de 1995: utilizando colores muy sobrios —en contraposición a los tonos pastel de la década de los 50—, Prada ya empezaba a interesarse por las faldas con vuelo y las chaquetas ajustadas en la cintura o de doble botonadura. Uno de los *looks*, un abrigo beis *oversize*, lo llevó la modelo cerrándolo con su mano. Puede parecer un gesto banal, pero así era como lo lucían muchas mujeres en aquellos años, y como lo llevaba la propia Miuccia. De ahí que, desde entonces, ese gesto se haya repetido en sus colecciones hasta convertirlo en arquetipo. Colecciones que irán recurriendo a esta estética de forma más compleja, añadiéndole complementos como diademas o bolsos de asa corta para incidir aún más en la deconstrucción del mito de la mujer dulce y sofisticada.

La modelo Kate Moss en el desfile de Primavera-Verano 1996, luciendo un estampado inspirado en el papel pintado de los años 70, que desde entonces ha sido reinterpretado en numerosas ocasiones.

Mucho antes de que Silicon Valley legitimara al geek, *lo hizo Miuccia Prada*
VOGUE

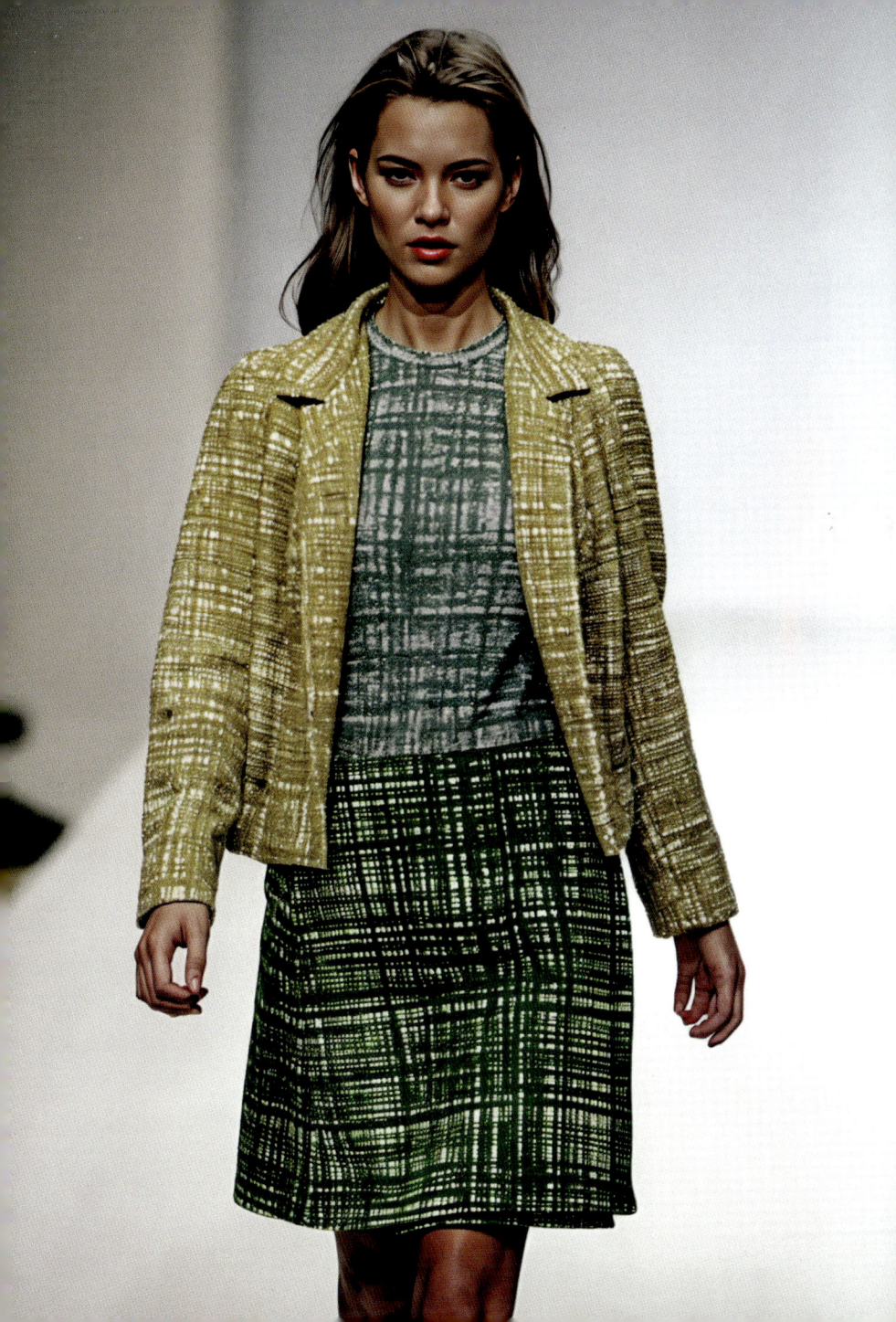

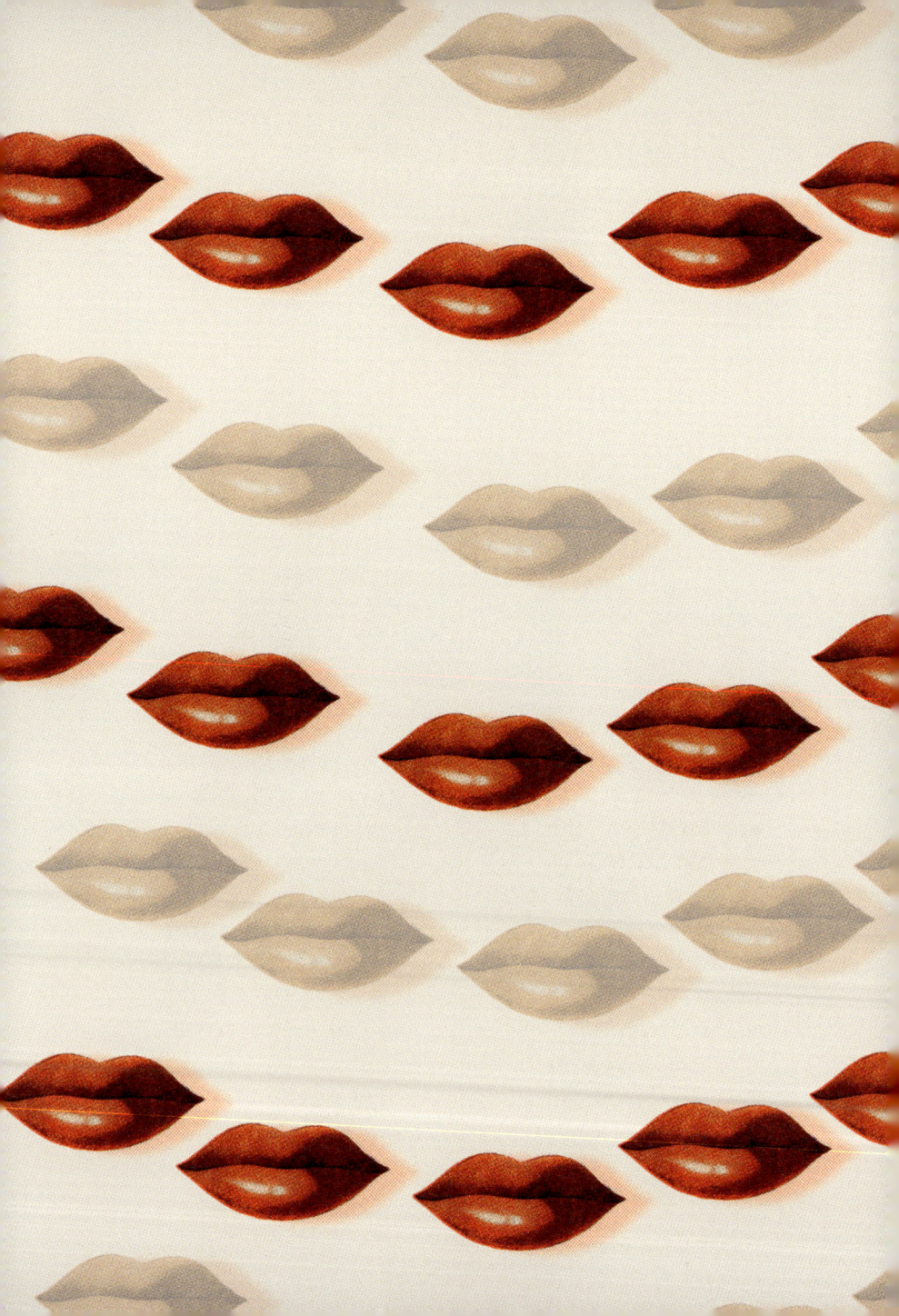

LA MECENAS DE LA MODA

Pese a que, desde que se convirtió en diseñadora, Miuccia Prada ha reflexionado sobre conceptos como la feminidad canónica, la belleza o incluso el buen gusto a través de sus colecciones, la moda no le ha sido suficiente para expresar sus inquietudes: «La moda es un campo limitado en cuanto a su capacidad para profundizar en temas importantes, mientras que el arte abre la puerta a la reflexión crítica y a la interrogación de la sociedad», contaba en 2015 en una entrevista con *The New York Times*. Aficionada al arte desde joven, en 1993, junto con Patrizio Bertelli creó PradaMilanoArte, un espacio expositivo itinerante que albergaba el trabajo de artistas contemporáneos y distribuía catálogos —con una editorial del mismo nombre— escritos por los propios artistas. Desde el mismo año de su creación, Miuccia ya apostó por el artista irreverente Maurizio Cattelan, que se hizo famoso por cuestionar el valor del arte contemporáneo (quizá su obra más viral sea *Comediante*, que consistía en un plátano pegado con cinta adhesiva a una pared, que exhibió

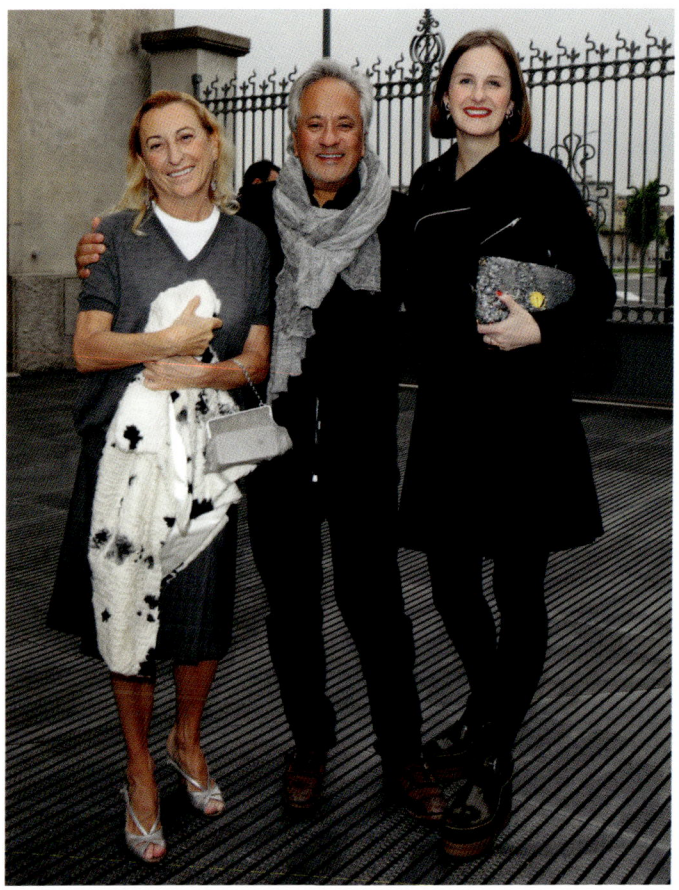

Miuccia Prada junto al artista Anish Kapoor y su esposa en ese momento, la también artista Sophie Walker, durante la inauguración de la sede de la Fundación Prada en Milán.

en la feria Art Basel en 2019); Prada le patrocinó en 1993 un espacio vacío que jugaba con los límites de la percepción del público.

En 1995 el proyecto PradaMilanoArte fue renombrado como Fundación Prada. La diseñadora contrató para dirigirla a Germano Celant, un célebre comisario italiano, y, junto a las de Cattelan, comenzó a programar exposiciones itinerantes de Carsten Höller (conocido por mezclar arte y naturaleza), del escultor conceptual Anish Kapoor o del videoartista y director de cine Steve McQueen, entre otros.

Poco a poco, Prada se fue ganando un espacio en el mundo del arte como mecenas de creadores de vanguardia que cuestionaban las relaciones entre la cultura artística y la sociedad de masas. En estos primeros años, su Fundación se fue convirtiendo en una especie de laboratorio de ideas abierto a la obra pictórica y la escultura, pero también al cine o la *performance*. Su idea inicial fue trascender los límites del museo o la galería convencionales y crear espacios experimentales en los que pudieran dialogar distintas disciplinas. «El arte puede ser provocador y revolucionario. Es una forma de confrontarnos con nosotros mismos y con nuestras contradicciones», comentaba la diseñadora en una entrevista con la revista especializada *Artnet*. Al igual que con su marca de moda, la labor de Miuccia como mecenas ha sido, y es, la de cuestionar lo establecido, ya sea en términos de belleza (algo que el arte contemporáneo lleva décadas haciendo) como en términos políticos: se podría decir que, de algún modo, la diseñadora ha seguido ejerciendo como politóloga, disciplina en la que se doctoró, realizando exposiciones sobre el papel de la tecnología en nuestras vidas, el racismo, la sociedad capitalista o el feminismo.

¿ES LA MODA UN ARTE?

Prada empezó su labor como mecenas casi a la vez que creaba su línea de *prêt-à-porter*, es decir, cuando ya tenía éxito con sus accesorios pero aún no se había lanzado al mundo de la moda propiamente dicha. Se podría afirmar, pues, que orquestó ambas ideas, marca y mecenazgo, de forma simultánea. Su identidad, tanto en su faceta de diseñadora como en la de comisaria, fue absolutamente pionera; y si en moda apostó por un minimalismo que luego cuestionaría las leyes no escritas sobre el buen gusto, en el arte apostó por creativos poco reconocidos en su momento (Cattelan o McQueen empezaban sus respectivas carreras, por ejemplo) que reflexionaban sobre cuestiones sociales y políticas como la discriminación racial o el consumismo. En cualquier caso, quizá su idea más pionera fuera la de simultanear su labor como promotora artística con la de directora creativa de una enseña de lujo, algo nada común en el cambio de siglo.

La cuestión sobre si la moda es o no un arte lleva planteada desde el propio inicio de la moda como industria, en los albores del siglo xx. En el periodo comprendido entre las dos guerras mundiales, los años 20 y 30, era común la alianza entre la alta costura (aún no existía el *prêt-à-porter* o producción en serie) y los pioneros de las vanguardias. Es de sobra conocida la colaboración entre Coco Chanel y los Ballets Rusos, entre Jean Cocteau y Louis Cartier o entre Salvador Dalí y Elsa Schiaparelli. Y desde mediados del siglo xx han sido muchos los diseñadores que han homenajeado a artistas en sus colecciones (el famoso vestido Mondrian de Yves Saint Laurent es quizá el ejemplo más icónico). Pero Prada ha sido la primera en hacer del arte una parte esencial de su trabajo.

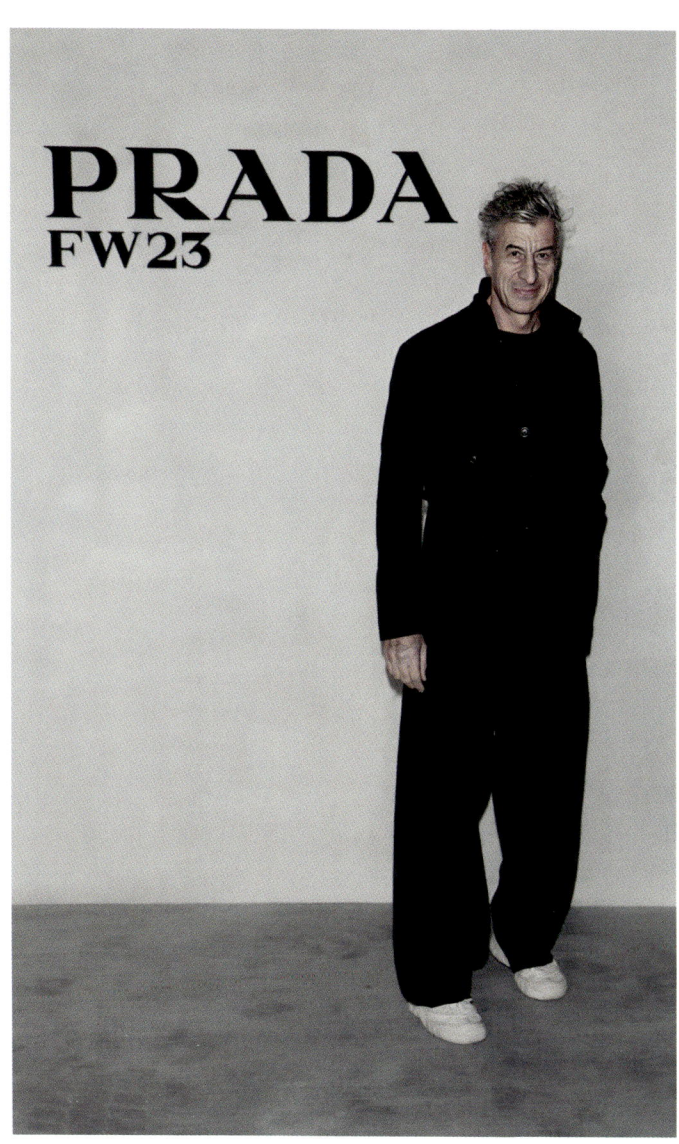

PRADA
FW23

El artista
Maurizio
Cattelan,
hoy famoso
por la obra
Comediante,
de un plátano
pegado a una
pared y vendido
por más de seis
millones de
dólares, ha sido
uno de los
más fieles
colaboradores
de Prada.

Lo cierto es que, en las pocas entrevistas que ha concedido a lo largo de su carrera, Miuccia siempre ha sido muy clara al respecto de la separación entre ambas disciplinas. «Siempre he dicho que la moda no es arte, y no quiero que lo sea. El arte es diferente, tiene otro propósito», comentaba la diseñadora en 2015 en una conversación con *The Business of Fashion*. Para ella, la moda es un negocio, que, en sus propias palabras «tiene que venderse». «En el arte, la obra tiene éxito independientemente de si se vende o no», comentaba en la revista *Interview* ese mismo año. Porque fue en 2015 cuando Prada, reacia a mantener contacto con la prensa, decidió sentarse con ella a raíz de la apertura del edificio milanés de la Fundación. No lo había hecho apenas antes ni casi lo haría después para ha-

Imagen de la colaboración entre Yves Saint Laurent y el artista Claude Lalanne en 1969, una alianza que evolucionó en varias colecciones de joyas para la casa.

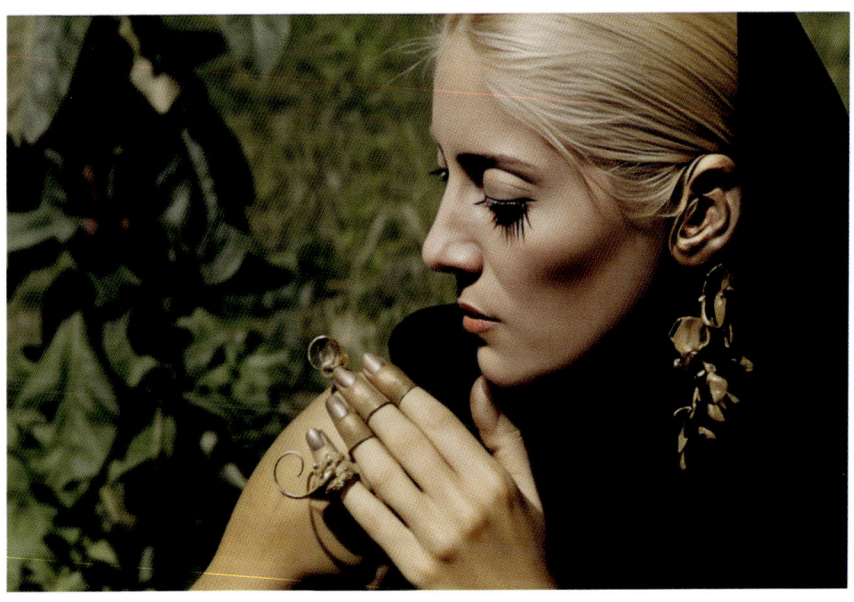

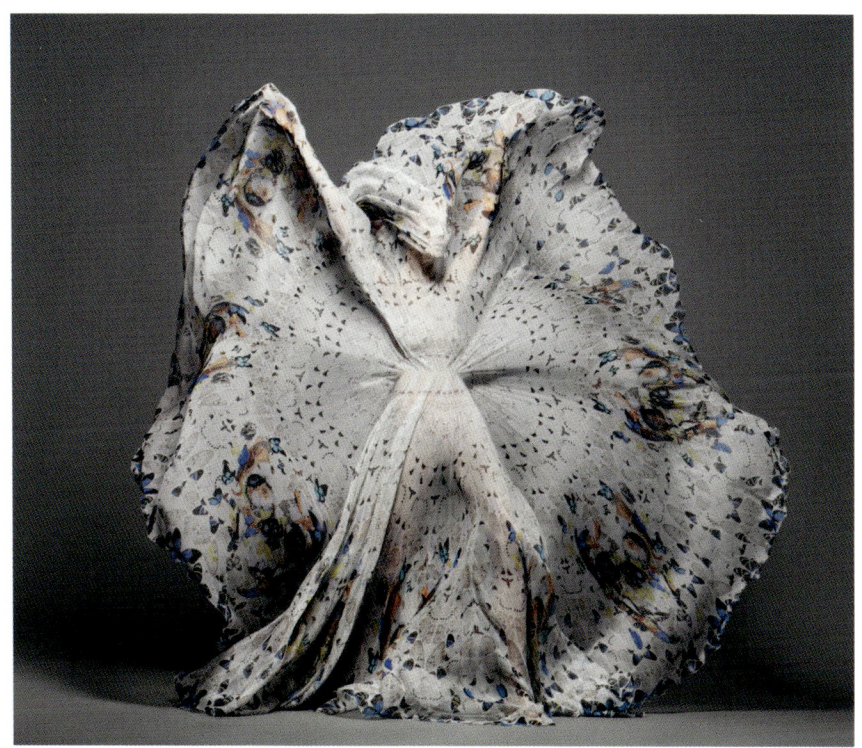

blar de su trabajo como diseñadora. El porqué hay que buscarlo en la construcción de una imagen medida al milímetro cuyo fin era traspasar las barreras de la moda para alcanzar una clientela con poder adquisitivo pero ajena a las tendencias del momento.

Prada siempre ha reiterado que la moda «es un oficio con limitaciones que el arte no tiene», dando a entender que la ropa es un negocio y el arte, una herramienta cultural con la que cuestionarse grandes ideas. De hecho, cuando en 2001 Marc

El famoso estampado de calaveras fue fruto de la colaboración entre Damien Hirst y Alexander McQueen.

Jacobs, por entonces director artístico de Louis Vuitton, decidió lanzar una serie de bolsos intervenidos por el artista Stephen Sprouse (después lo sucedieron Takashi Murakami, Richard Prince o Jeff Koons) sentó tal precedente que, poco después, muchas marcas de lujo contaron con artistas de toda índole como colaboradores invitados que customizaban sus accesorios y prendas: Jean Paul Gaultier lo hizo con Andy Warhol, Alexander McQueen con Damien Hirst, Yves Saint Laurent con Claude Lalanne... La idea era acercar dos mundos similares, pero no iguales: que el comprador de arte contemporáneo, no necesariamente versado en temas de moda pero sí con un poder adquisitivo alto, fuera capaz de ver en ella un objeto en el que invertir y, a medio plazo, lograr que el mercado de la moda, hasta entonces asociado al capricho y las tendencias pasajeras, fuera tenido en cuenta dentro del mundo de la cultura.

Prada, sin embargo, no quiso sucumbir a la colaboración explícita, es decir, no dejó intervenir a los artistas que patrocinaba en los objetos y las prendas que ella diseñaba. De esta forma, su aportación a la cultura fue mucho más conceptual que meramente comercial a ojos del público, ganándose así el sobrenombre de «diseñadora intelectual» y llegando con ello a distintos tipos de público, desde los seguidores de la última moda hasta las mujeres feministas que querían ver representados sus ideales en su armario, pasando por círculos de artistas, escritores y pensadores en general que buscaban una marca para vestir que también representara sus ideales y su estilo de vida. Eso no quiere decir que el arte y la moda estuvieran completamente alejados en su carrera: muy al contrario, Miuccia quiso envolver sus diseños en arte, aunque de forma no demasiado obvia.

Instalación en la tienda de Prada del Soho neoyorquino, una de las primeras creadas por el arquitecto Rem Koolhaas para la marca. Sus paredes curvas y sus escaleras diluyen los límites entre el local comercial y la instalación artística.

LA FINA LÍNEA ENTRE LA TIENDA
Y LA ESCULTURA

A medida que la Fundación fue ganando popularidad y relevancia en los circuitos del arte internacional, Miuccia fue in-
troduciéndolo en la marca de forma implícita. En 2001, la diseñadora comenzó una longeva relación profesional con el
arquitecto deconstructivista Rem Koolhaas y su estudio, OMA,
uno de los más vanguardistas del momento. Juntos crearon la
primera tienda Epicentre en el Soho neoyorquino, una tienda
conceptual en un antiguo local que era propiedad del Museo
Guggenheim y en el que Koolhaas borró los límites entre el
espacio transitable y la escultura. Inspirándose en las obras
«habitables» de Richard Serra que juegan con el tránsito crean-

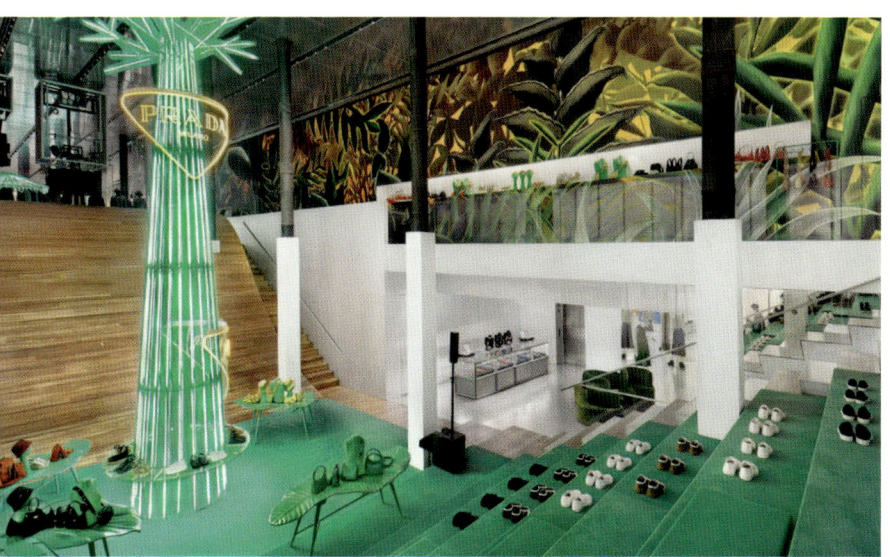

PRADA Y EL CINE

Miuccia Prada ha visto el cine como una extensión de su universo creativo, y por eso ha aceptado trabajar en el diseño de vestuario de algunas películas icónicas. Así, ha colaborado, por ejemplo, con su gran amigo Baz Luhrman en la cinta *Romeo + Julieta*, una versión del clásico inglés, haciendo interesantes guiños al folclore mexicano, o recreando la elegancia nostálgica de los personajes de *El gran Gatsby*.

Abajo, algunos de los diseños que Prada creó para el filme *El gran Gatsby*. Todos ellos realzan la feminidad característica de la época.

A la derecha, la actriz Carey Mulligan luce la prenda cumbre, un vestido de red y lágrimas de cristal valorado en 20.000 dólares.

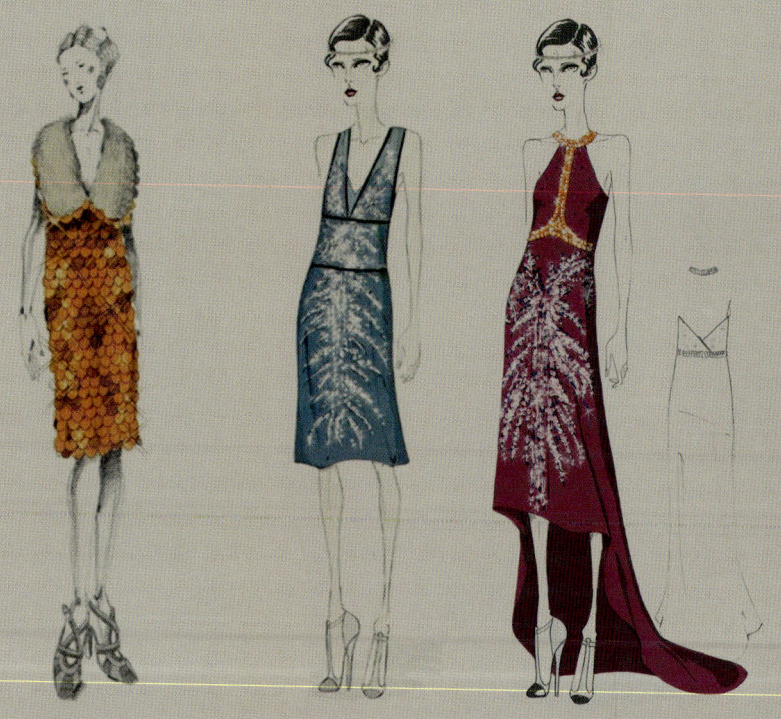

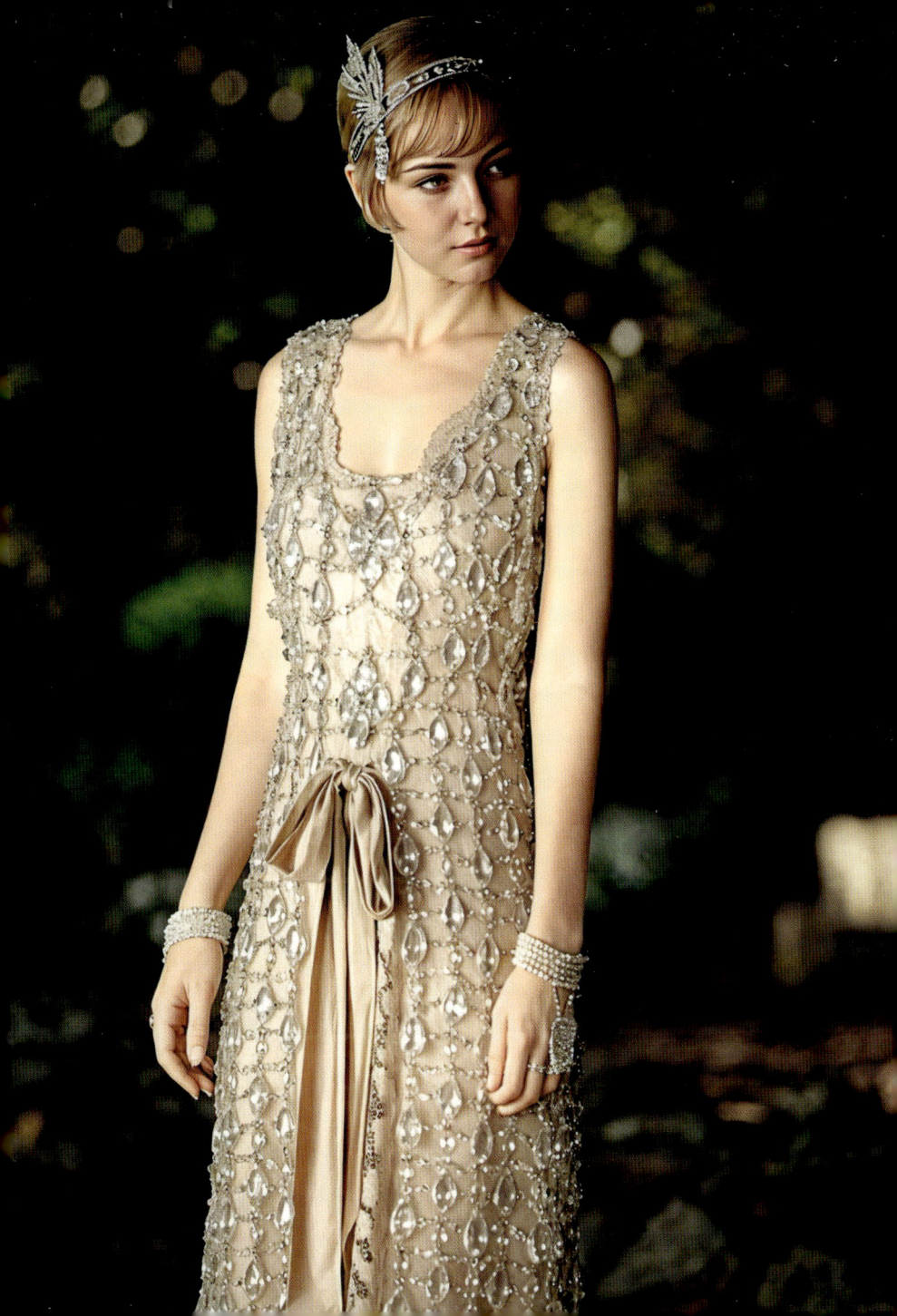

do distintos efectos ópticos, el primer Epicentro de Prada tiene en su planta baja una estructura curvada en forma de ola, similar a una pista de *skate*, que dificulta el paso de los clientes a propósito: su idea es convertir la experiencia de compra en una especie de momento cultural similar al de la visita a un edificio famoso.

Este tipo de tiendas se llaman epicentros, tomando prestada la terminología de los terremotos, precisamente porque se conciben como puntos de encuentro de innovación y creatividad, es decir, lugares donde confluyen nuevas ideas pioneras que luego tendrán un largo recorrido en el mundo de la moda y el lujo. Antes incluso de que lanzara su *e-commerce*, en 2007 Prada ya introdujo la tecnología en esta tienda neoyorquina, con pantallas LED que proyectaban desde sus propios desfiles hasta piezas de videoarte, o con detectores de movimiento y sensores de luz en los probadores. Los epicentros también se concibieron como pequeños espacios expositivos, llevando así la idea de la Fundación a la tienda física: en los primeros años, en el local se hicieron presentaciones de libros o se organizaron exposiciones de Francesco Vezzoli y Peter Saville. Moda y arte no se tocaban directamente, pero empezaron a ir de la mano. De hecho, como Miuccia esperaba, la idea del epicentro tuvo su réplica en distintas firmas de lujo. En la primera década de los 2000 se fueron creando las llamadas *concept stores* o tiendas conceptuales, que, además de vender productos de marca, buscaban ofrecer una experiencia inmersiva mezclando moda y distintas actividades culturales. Los *concept stores* más famosos son Dover Street Market, creado en 2004 por otra marca feísta, Comme des Garçons, y Colette, que, aunque abrió sus puertas en 1997, comenzó a mezclar moda, arte y música en 2006.

Prada continuó creando distintos epicentros con arquitectos de renombre. En 2003 inauguró junto con los suizos Herzog & de Meuron una estructura de vidrio con formas geométricas en Aoyama (Tokio), hoy considerada una atracción turística por derecho propio. Un total de seis plantas albergan espacios para exposiciones, tiendas donde se venden todas las líneas de Prada, una librería de arte y una cafetería. Su peculiaridad es que se trata del primer edificio sin fachada; la propia estructura es la fachada y la función del vidrio es recubrirla de forma invisible y crear efectos ópticos con el paso de la luz natural.

Un año más tarde, Koolhaas volvió a crear junto a Prada otro epicentro, esta vez en Beverly Hills (Los Ángeles): una enorme estructura de aluminio con unas escaleras interiores en forma de colina y paredes recubiertas de vidrio translúcido que parecen expandirse; en definitiva, un edificio que rompía con el urbanismo y la estética de los locales de lujo de fachadas blancas y tejados clásicos que pueblan Rodeo Drive.

Sin embargo, se podría decir que Prada alcanzó su cénit en lo que respecta a la fusión de las tiendas con el arte con Prada Marfa. A principios de los 2000, el dúo creativo escandinavo Elmgreen & Dragset empezó a hacerse famoso en el arte contemporáneo por sus obras críticas con el consumismo, que convierten objetos cotidianos —como un urinario, una taquilla o un coche— en piezas descontextualizadas e incómodas. En 2005 llegó por fin la obra que los catapultó a la fama, patro-

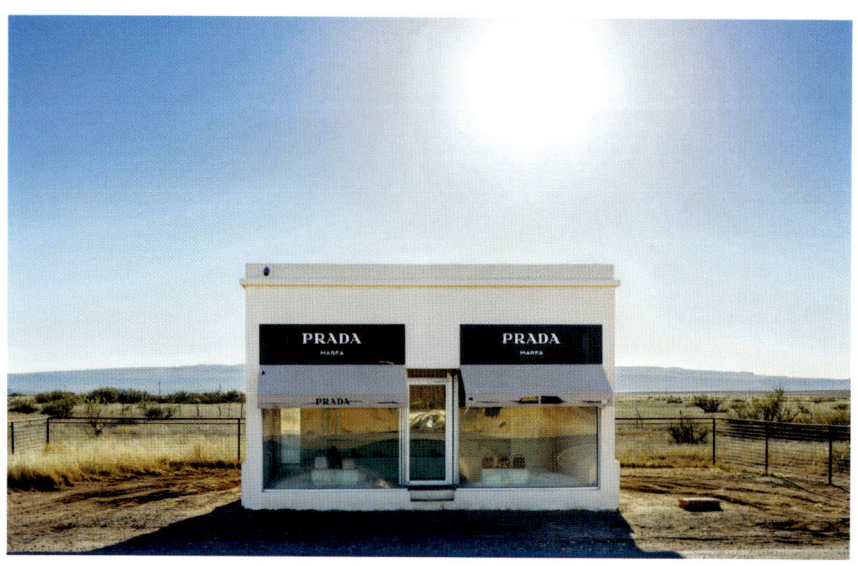

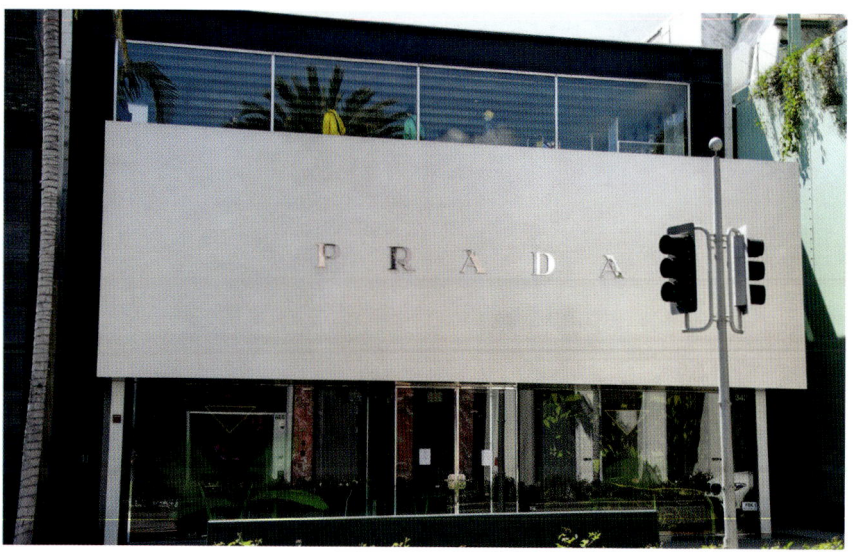

PRADA

cinada por la Fundación Prada: una tienda de la marca en mitad del desierto de Marfa (California), es decir, en medio de la nada, que nunca ha abierto, ni abrirá, sus puertas. Es el modo como los artistas y la propia Miuccia reflexionan sobre el consumo y el aislamiento, los límites del lujo y del arte, la caducidad de la moda y la permanencia de la obra. Con el tiempo, Marfa se ha convertido en una atracción turística, generando incluso *merchandising* a su alrededor (camisetas, pósteres y objetos que no están comercializados por la marca, sino por los propios artistas) y dejando entrever que la relación de Prada con el arte, sobre todo con el arte crítico, iba muy en serio.

En 2009, Miuccia Prada y Patrizio Bertelli compraron una antigua destilería en la zona industrial de Largo Isarco (Milán) y, por supuesto, le encargaron su remodelación a Rem Kool-

En la página anterior, arriba, la tienda de Prada en el desierto de Marfa creada por Elmgreen & Dragset; debajo, la tienda Epicentre de Rodeo Drive en Los Ángeles. En esta página, sede de la Fundación Prada en Milán.

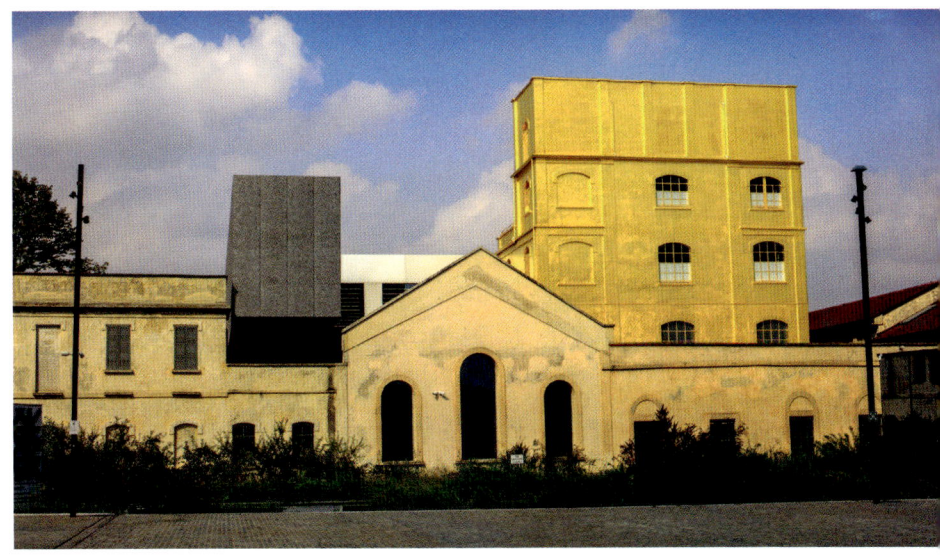

haas. Tras seis años de remodelaciones, en 2015 abría por fin sus puertas la sede de la Fundación Prada, nada menos que 19.000 metros cuadrados distribuidos en varios espacios, como una torre recubierta de oro que alberga exposiciones temporales, una sala de cine, un jardín con esculturas, una cafetería diseñada por el director de cine Wes Anderson y varias salas modulares que acogen distintos eventos, todos gratuitos y abiertos al público. En sus casi 10 años de existencia, solo la sede de Milán ha acogido más de una treintena de exposiciones temporales y los estrenos de medio centenar de películas. Allí se llevan a cabo, además, proyectos de investigación pagados por la marca, como Human Brains, en colaboración con científicos, filósofos y expertos en neurociencia, con el objetivo de explorar el funcionamiento del cerebro humano desde diversas perspectivas; o Prada Frames, dedicado a la relación entre la moda y la sostenibilidad. La fundación milanesa es también, desde su inauguración, el lugar en el que Prada presenta sus colecciones dos veces al año (antes lo hacía en distintos palacetes de la ciudad). A medida que su relación con el arte ha ido impregnando sus principales tiendas, sus propios diseños también han empezado a beber de sus inquietudes artísticas, aunque, por supuesto, y como suele ser habitual en ella, nunca de forma explícita.

Detalle de la tienda Prada del barrio de Aoyama, en Tokio, cuya pared de cristal y aluminio hace que la luz que la traspasa modifique el ambiente y la percepción del espacio a lo largo del día.

La moda no es arte, y no quiero que lo sea. El arte es diferente, tiene otro propósito

MIUCCIA PRADA

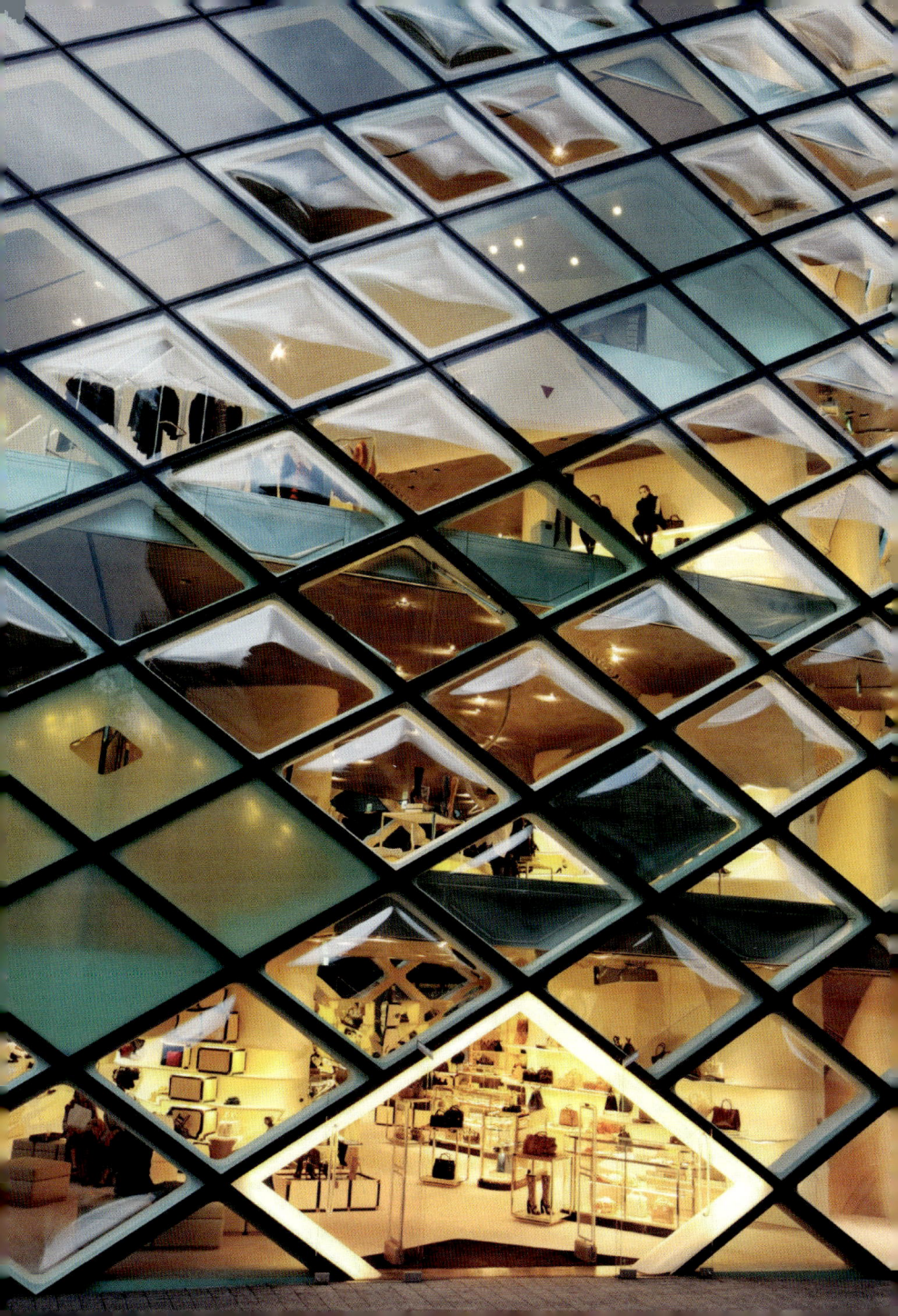

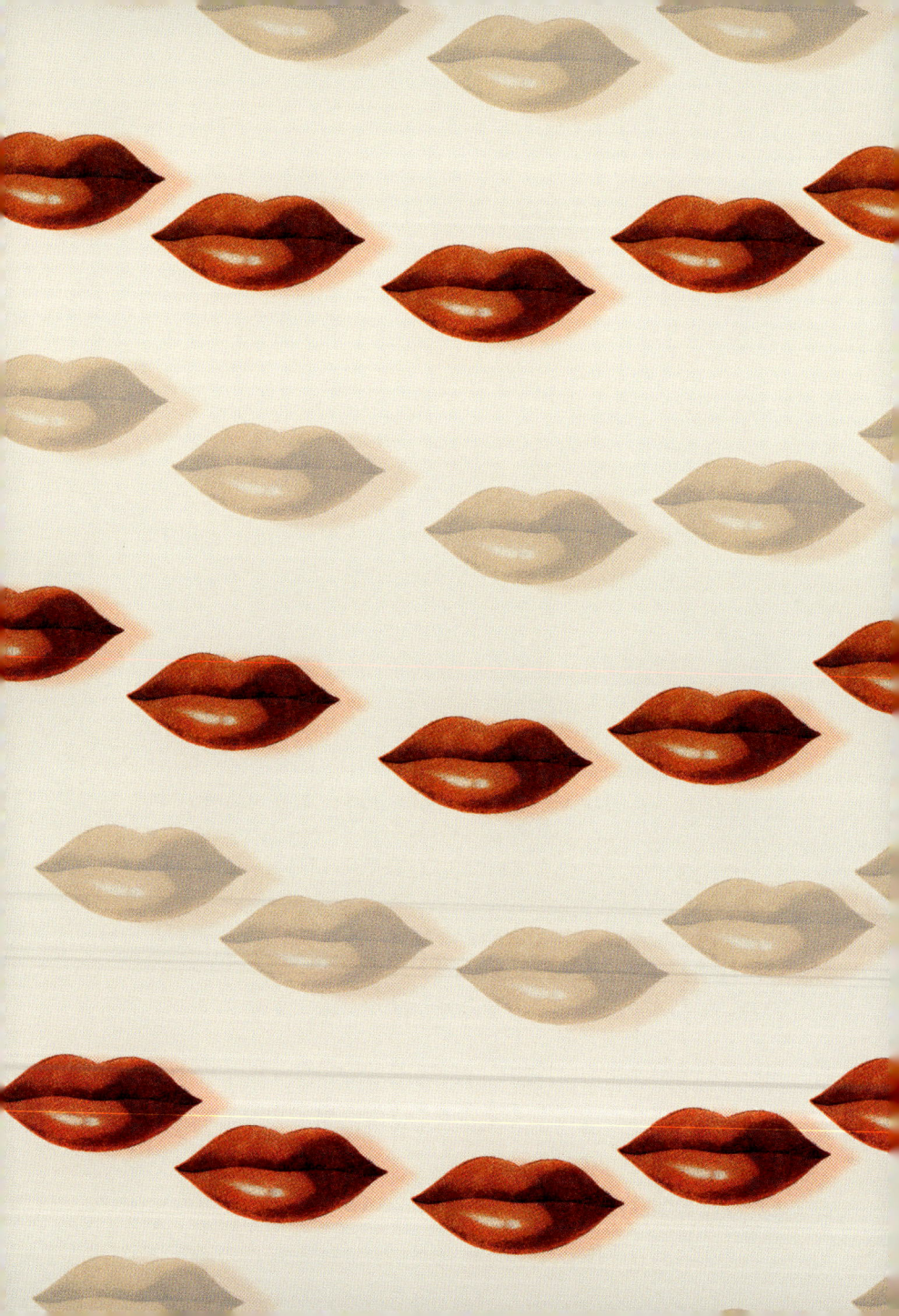

LA PASARELA ES
EL MENSAJE

P rada no es solo una casa de moda; es un laboratorio de ideas para probar conceptos difíciles de realizar», ha comentado el arquitecto Rem Koolhaas sobre su colaboración con Miuccia Prada. Comenzaron creando tiendas que desdibujaban los límites entre la escultura y el local comercial, pero, poco a poco, Koolhaas también ha empezado a idear junto a la diseñadora los escenarios para sus desfiles: instalaciones conceptuales que exploran nuevas formas de presentar la moda, haciendo de los desfiles experiencias inmersivas, espacios donde se puede contar una historia y crear un diálogo entre la moda y el público.

Las primeras presentaciones de Prada en distintas zonas de Milán buscaban la simplicidad más absoluta, en contraposición a sus competidores (Mugler, Galliano o Versace creaban desfiles maximalistas y teatrales en aquel momento). Durante la primera década del siglo XXI, Miuccia, conocida como la reina del minimalismo y el feísmo, comenzó a crear presentaciones mucho más complejas, tanto en fondo como en forma, cuyo objetivo era cuestionar el presente, más allá de la sofisticación y la belleza asociadas a la moda.

HACERSE PREGUNTAS A TRAVÉS DE LA MODA

Uno de los primeros escenarios que ideó Koolhaas fue para el desfile Otoño-Invierno 2002-2003 de Prada. Para la ocasión, el arquitecto construyó una gran escalera mecánica que las modelos usaban para llegar a la pasarela. La colección incorporaba los clásicos de la marca (nailon, minimalismo, prendas negras), pero también elementos discordantes, como impermeables de plástico transparente, una prenda eminentemente técnica en un ámbito dominado por el lujo y los materiales nobles. También había vestidos de flecos y pedrería, propios de las *flappers* de los años 20, combinados con jerséis de lana, buscando una mezcla poco usual.

Después llegó el escenario dispuesto como una sala de cine en 2004. La idea subyacente era ver el desfile, y la propia moda, como una ficción. En la primavera de 2005, Koolhaas proyectó sobre paredes de cemento industrial las noticias diarias del mundo. «Había tantas cosas pasando a la vez que era casi imposible asimilar algo a primera vista», explicaba la crítica de moda Sarah Mower en *Vogue*. La colección también tenía de-

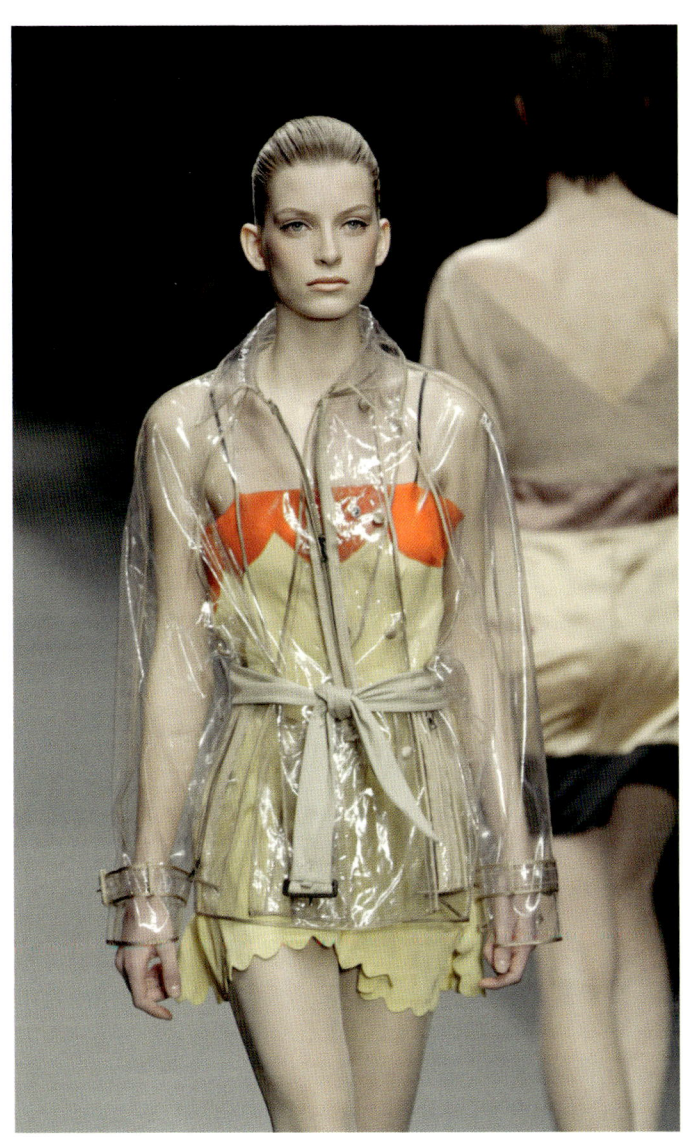

En el desfile Otoño-Invierno 2002-2003 de Prada el plástico transparente fue el protagonista, jugando así con la idea de las convenciones entre las prendas interiores y exteriores.

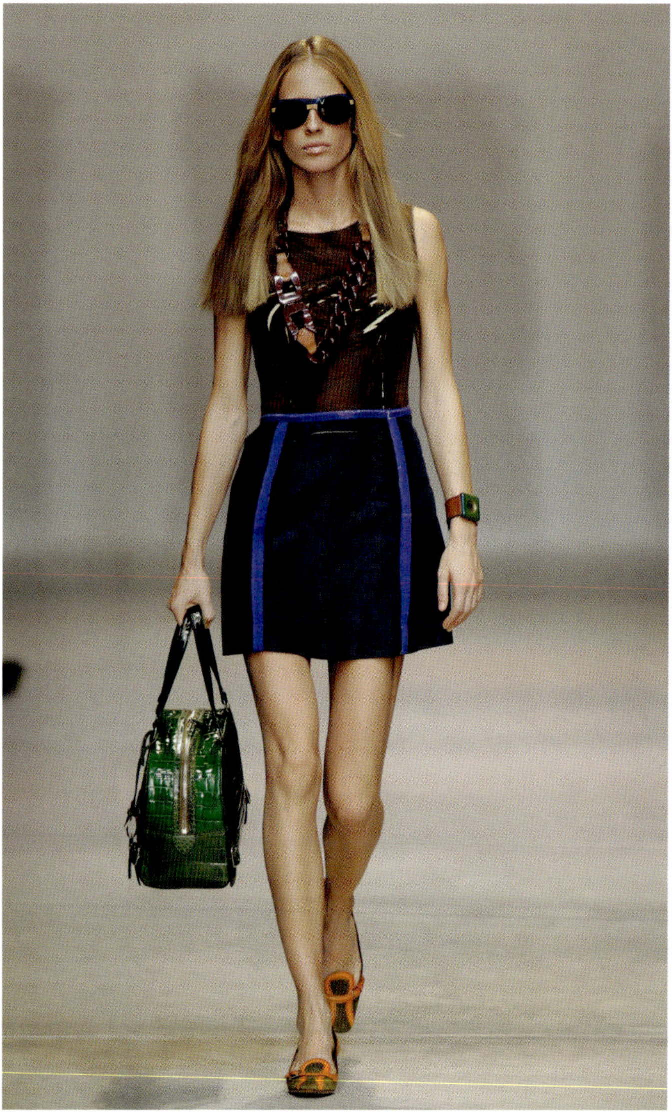

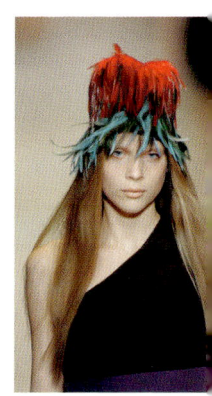

Desfile
Primavera-
Verano 2005,
en el que Prada
presentó una
atrevida mezcla
entre lujo,
deporte y
folclore
jamaicano.

masiado «ruido»: prendas inspiradas en el folclore jamaicano mezcladas con piezas de plumas, camisas militares, gorros de pescador y relojes digitales, mucho antes de que apareciera el Apple Watch.

Fue entonces cuando Miuccia Prada comenzó explícitamente a combinar prendas inesperadas: vestidos de noche con elementos deportivos, prendas veraniegas con abrigos, zapatos de salón con ropa de *sport*... Era su forma de romper con las convenciones sobre los códigos de vestimenta, que asocian atuendos específicos a circunstancias particulares.

En la primera década del siglo XXI, Koolhaas también diseñó para Prada laberintos donde las modelos se cruzaban y el público no sabía dónde mirar (2006), una galería de arte efímera con

Una de las pasarelas diseñadas por Rem Koolhaas, para el desfile Otoño-Invierno 2006-2007, consitía en una especie de laberinto por el que las modelos se cruzaban, distrayendo así la mirada del público.

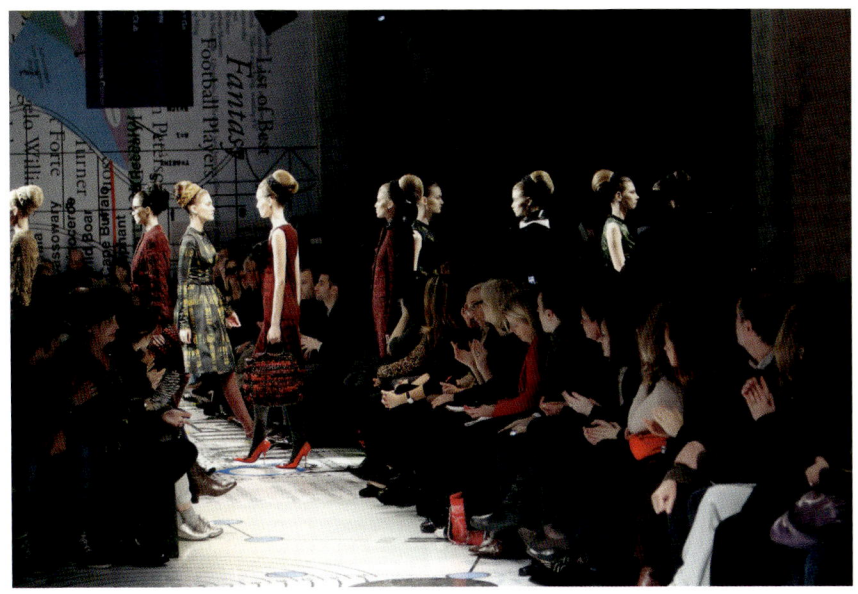

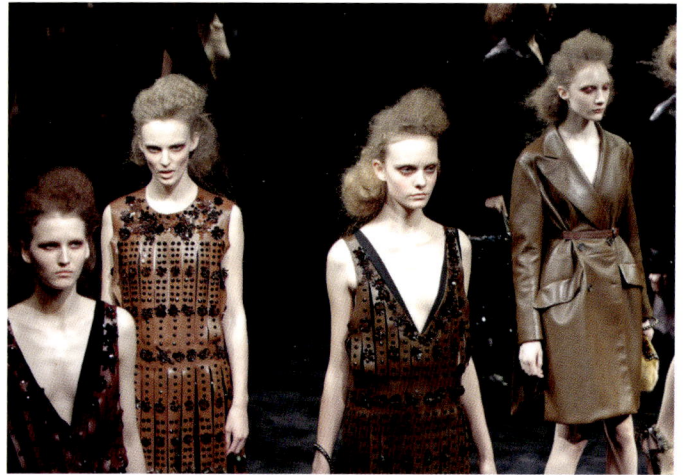

Para el desfile Otoño-Invierno 2009-2010, Miuccia creó uniformes para una especie de gladiadoras romanas modernas tomando elementos dispares como el cuero o las lentejuelas.

enormes marcos dorados que acercaban el desfile a la expresión artística (2007), o una enorme nave industrial de cemento con objetos decorativos de neón que recordaban un futuro distópico.

A medida que los escenarios se volvieron más complejos, también lo hizo la aproximación de Miuccia al diseño. Para la colección Otoño-Invierno 2009-2010 se inspiró en los gladiadores romanos, creando faldas a base de tiras de cuero y complicados zapatos con volantes y tachuelas. También diseñó botas que llegaban casi a la ingle y las amarró a pantalones cortos sobre bodis de punto. Las modelos apenas iban maquilladas y llevaban el pelo enmarañado. Si una década antes Miuccia había apostado por prendas funcionales y feístas, esta vez daba varios pasos más allá creando piezas difíciles de llevar en la vida diaria, cuyas combinaciones hablaban de caos y hasta de descuido.

Un año más tarde, en otoño de 2010, Prada se inspiró en los años 50, pero tiñó de negro esas siluetas de falda con volumen

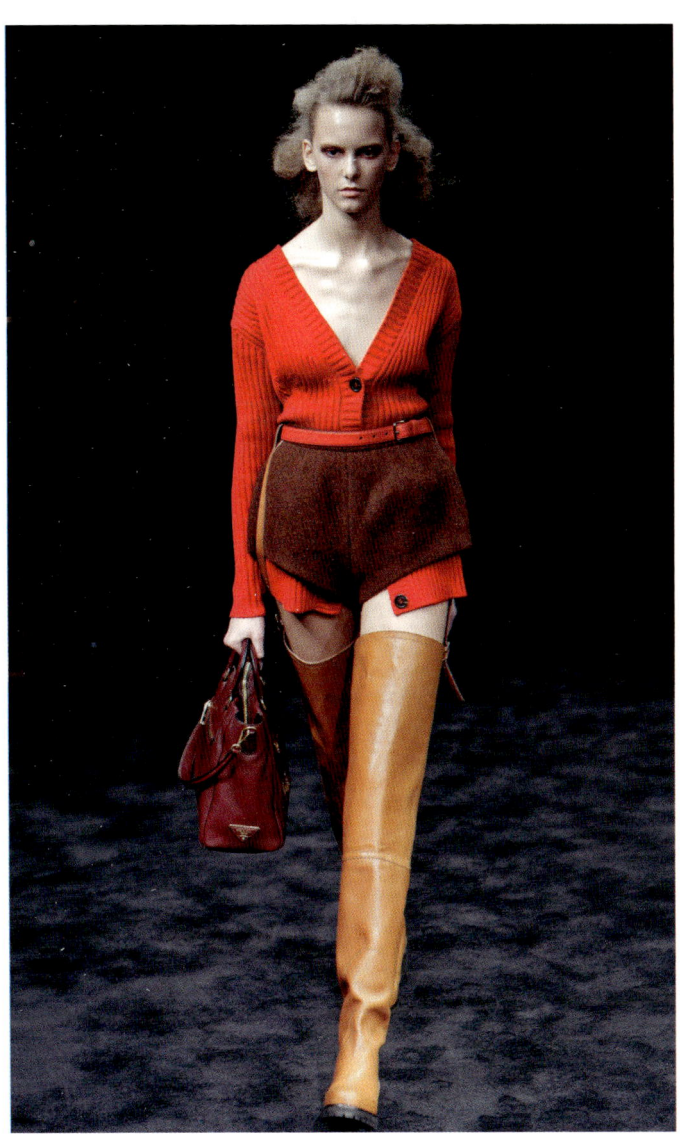

El desfile de
Prada de 2009
también fue
uno de los más
sonados de su
carrera por
utilizar
peinados y
maquillajes
poco ortodoxos
para una
pasarela
acostumbrada al
glamur clásico.

y cintura estrecha, evocando rigor y austeridad. Solo seis meses más tarde, creó una colección de estampados tropicales con una clara influencia del folclore latino, sin un ápice de la seriedad anterior. De repente, el estilo Prada dejó de tener elementos claros para abarcar prácticamente cualquier periodo o tendencia. Sin embargo, su forma impredecible de combinar prendas se convirtió en su seña de identidad.

En 2012, el Museo Metropolitano de Nueva York decidió dedicar su exposición de moda anual, quizá la más importante del mundo, a Miuccia Prada y a Elsa Schiaparelli, la diseñadora que durante las décadas de 1920 y 1930 había colaborado con Salvador Dalí en propuestas surrealistas (un vestido con una langosta estampada, un tocado en forma de zapato, una chaqueta de pelo a modo de peluca...). La exposición del MET, titulada *Conversaciones Imposibles*, se inspiraba en el libro homónimo del artista mexicano Miguel Covarrubias, que ima-

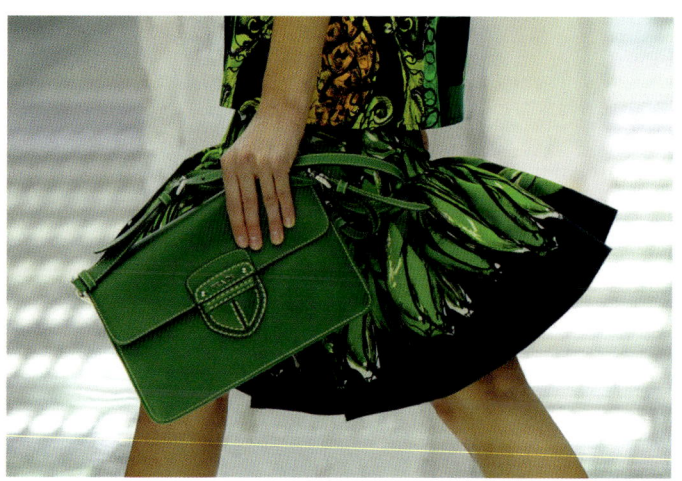

Detalle de un bolso y una falda del desfile Primavera-Verano 2011, famoso por sus estampados tropicales, concretamente de bananas, motivo que Miuccia replicó en otras colecciones.

ginaba diálogos ficticios entre distintos personajes. Se exploraban los paralelismos y los contrastes entre Schiaparelli y Miuccia, cómo ambas desafiaron las normas de su tiempo y exploraron temas provocadores en sus creaciones a través de enfoques estéticos y filosóficos diferentes. «Schiaparelli tenía una perspectiva más orientada al arte y la provocación, mientras que yo busco una conexión más realista y pragmática con las mujeres y el mundo moderno», comentó Miuccia, quien no solo accedió a realizar la exposición sino que también grabó un vídeo, dirigido por Baz Luhrmann, en el que exponía su visión de la moda.

La diseñadora hablaba del interés de lo feo sobre lo bello («mucho más aburrido», afirmaba), de la importancia de la moda para reflejar la sociedad del momento y de su aproximación al diseño como forma de empoderamiento, no de embellecimiento: «La ropa que hago es para mujeres que anhelan el poder sin perder su identidad como mujeres», explicaba.

Sin embargo, su discurso teórico no anulaba su vena comercial; dentro de esos desfiles complejos y de los escenarios filosóficos, Prada comenzó a diseñar bolsos y zapatos que se convirtieron en superventas, sus primeros grandes éxitos desde los famosos bolsos de nailon: del bolso Galleria, lanzado en 2007, a las primeras mochilas de nailon reciclado, o Re-Nylon, pasando por los zapatos de tacón bajo inspirados en los años 50. Ya no se trataba solo de la estética completa, sino de productos que se desvinculaban de la colección concreta para alcanzar la categoría de superventas temporada tras temporada. De prácticamente todos los desfiles de Prada de principios de la década de los 2000 se puede rescatar algún objeto que aún siga presente en la tienda, algo muy poco habitual en otras firmas de lujo.

Página siguiente
Fotografía
tomada por
Steven Meisel
para la
exposición del
MET en 2012.

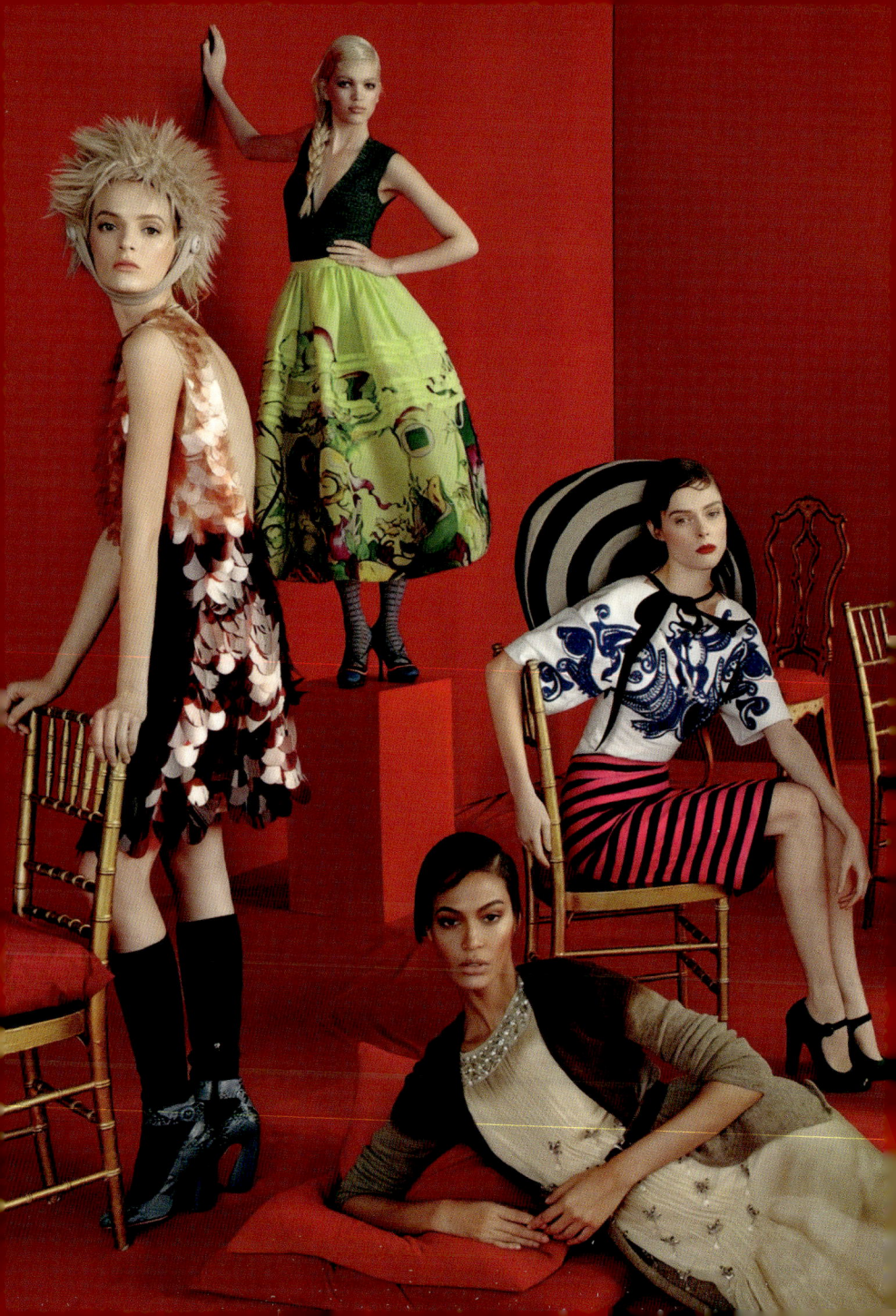

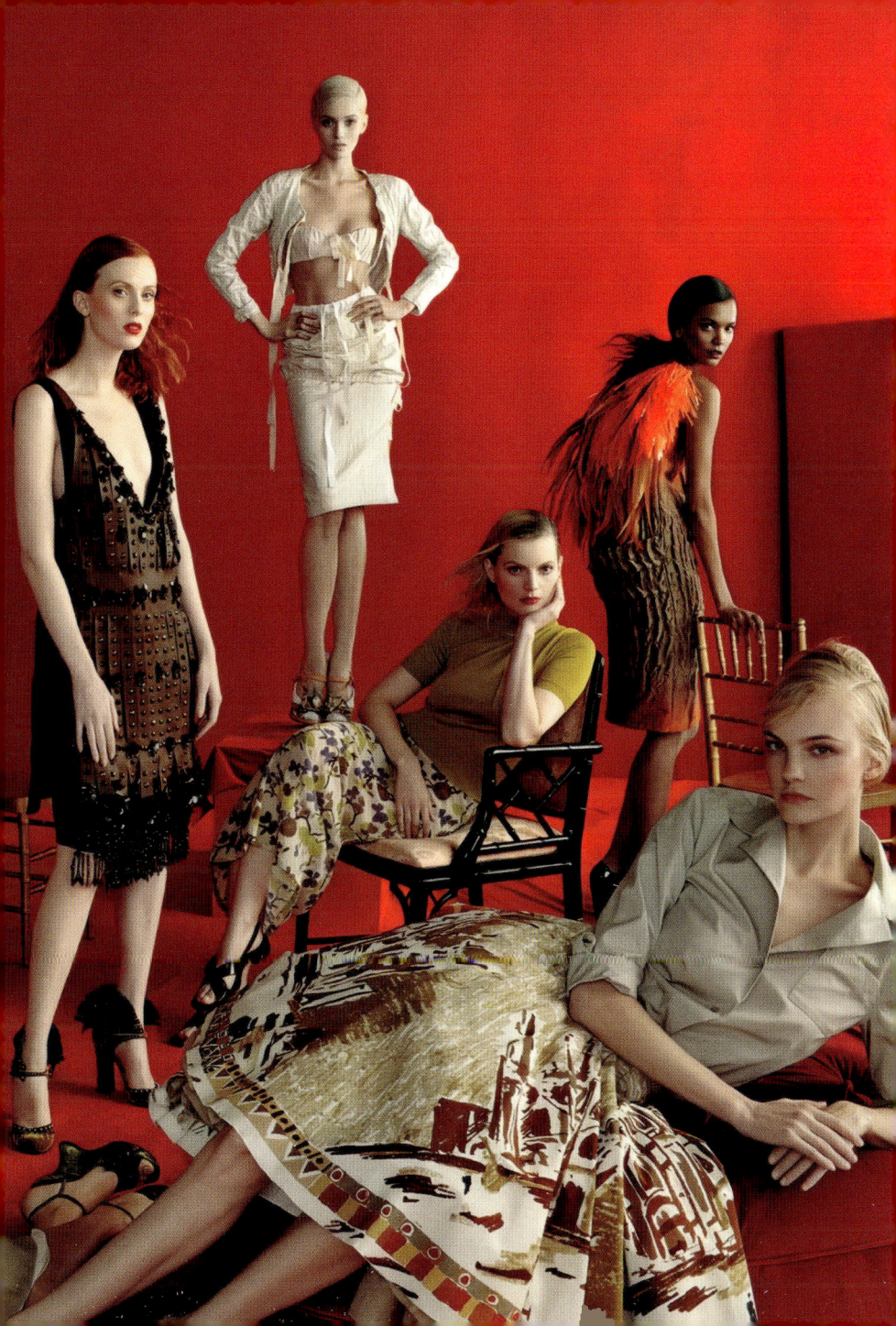

DEL DESFILE AL FESTIVAL DE CINE

El hecho de ver la moda como un vínculo con las problemáticas sociales y una herramienta de empoderamiento hizo que, casi desde sus inicios, Miuccia Prada se alejara de las campañas de moda tradicionales, orientadas al glamur y al embellecimiento femenino. Ella quiso, en cambio, mezclar moda, fotografía y cine de una forma más conceptual, cuestionando los estereotipos de belleza y jugando con la percepción del espectador.

Durante la década de 1990, trabajó con Peter Lindbergh, el retratista de supermodelos como Linda Evangelista, Claudia

Campaña de la colección Primavera-Verano 2012, cuyos zapatos se inspiraban en los automóviles Cadillac.

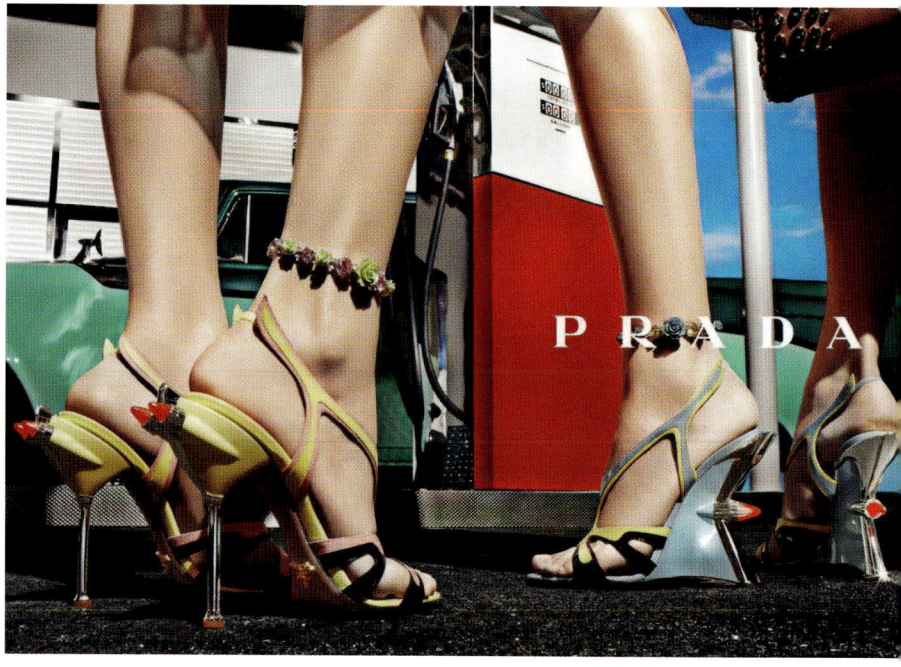

Schiffer, Cindy Crawford o Naomi Campbell, famoso por sus retratos en blanco y negro y por captar poses naturales. Le pareció la apuesta perfecta para reflejar la austeridad inicial de la marca. Pero a finales de la década, Miuccia apostó por el fotógrafo Steven Meisel, conocido por el libro *Sex* de Madonna, y por un jovencísimo aspirante a director británico, Glen Luchford, a quien contrató tras ver sus fotos en la revista *The Face*. Ellos, junto con otro retratista con vocación de director, Robert Wyatt, crearon para Prada imágenes que parecían auténticas escenas cinematográficas: parejas discutiendo, mujeres asomadas a una mirilla, o durmiendo... y planos detalle que evocaban la colección sin necesidad de mostrar la ropa directamente. A veces un zapato lleno de barro sugería una historia, mostrando el lujo a través de lo cotidiano.

Cuando Prada decidió hacer más complejos sus diseños y escenarios, también dio un giro a sus campañas. Por ejemplo, para la colección Otoño-Invierno 2004-2005, Meisel fotografió a las modelos en un entorno sin identificar, con poses hieráticas e inexpresivas. Era la primera vez que una campaña de una gran marca de lujo no buscaba la complicidad con el observador, sino todo lo contrario: el extrañamiento y la distancia. Miuccia, con sus colecciones complejas y difíciles de entender, comenzaba a replicar esa atmósfera enigmática en sus imágenes, pero necesitaba otro formato para explicar sus colecciones: lo encontró en YouTube.

Con el desarrollo de la tecnología y las redes sociales, Prada fue una de las primeras marcas en abrazar el formato del *fashion film*. Empezó a crear vídeos que se hallaban entre el cortometraje cinematográfico y el anuncio publicitario. «La moda necesita un contexto. Necesita ser entendida, y los filmes pueden proporcionar ese contexto», comentó en 2016 en una entrevista con *The Business of Fashion*.

En 2006, Prada se alió con Ridley Scott para lanzar *Thunder Perfect Mind*, un cortometraje protagonizado por Daria Werbowy e inspirado en un poema del siglo I sobre la psique femenina. En la cinta, Werbowy representa distintos roles a lo largo del día, desde oficinista hasta madre de familia, pasando por invitada a una gala o el alma de una fiesta.

Sin embargo, la experimentación real llegó en 2008 con dos cortos animados dirigidos por James Lima: *Trembled Blossoms*, que trasladaba los estampados y los papeles pintados de la colección Primavera-Verano 2008 a un escenario onírico inspirado en las cintas de dibujos animados de los años 40 y 50, y *Fallen Shadows*, basado en la colección Otoño-Invierno del mismo año e inspirado en el surrealismo de Buñuel.

Con el cambio de década, otras grandes marcas de lujo también entraron en la industria de los *fashion films*: Dior, Chanel o Saint Laurent contrataron a prestigiosos directores para rodar historias que amplificaran los valores de su marca, historias que solían tener una estructura clásica y el romance como tema central. Y entonces, en ese momento, Prada volvió a desmarcarse con dos películas diferentes: *First Spring* (2010), dirigida por Yang Fudong, que fusionaba la colección con escenarios tradicionales chinos, y *A Therapy*, dirigida por Roman Polanski y presentada en Cannes en 2012, en la que Miuccia se mimetizaba con su protagonista, una espectacular Helena Bonham Carter en el papel de una paciente que acude a terapia con un psicólogo interpretado por Ben Kingsley.

En los últimos años, Prada ha lanzado cortometrajes junto a Wes Anderson (*Castello Cavalcanti*, 2013), David O. Russell

Instalación en Los Ángeles para presentar en 2008 el documental de animación *Trembled Blossoms*, uno de los *fashion films* más recordados de Prada y el primero en el que una marca de moda se sirvió de la animación.

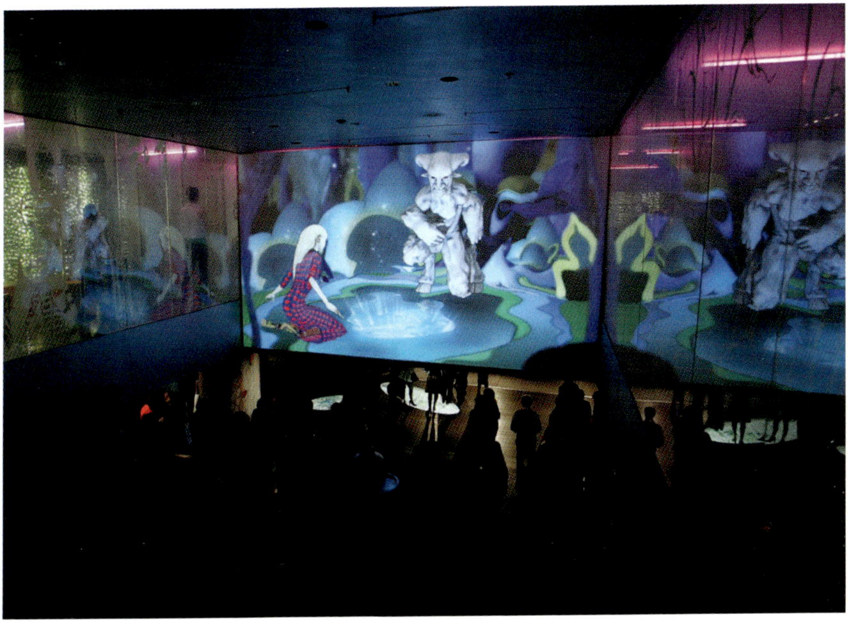

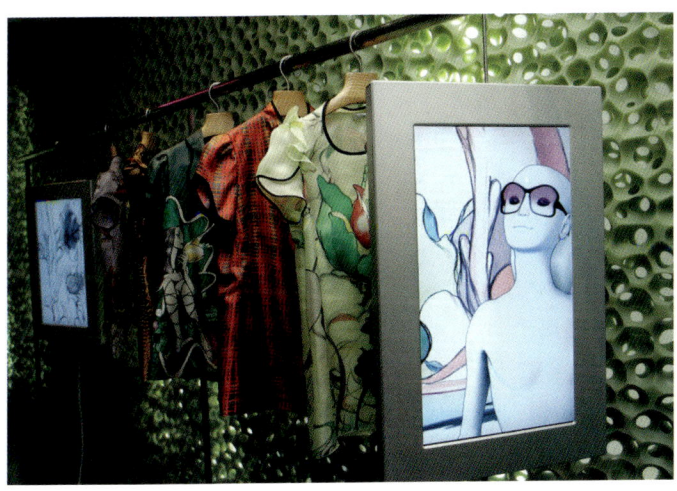

(*Past Forward*, 2016) o Nicolas Winding Refn (*Touch of Crude*, 2022), todos ellos cineastas de prestigio que han encontrado en su colaboración con la marca una forma de explorar su faceta más experimental lejos de las imposiciones comerciales.

La estrategia de fusionar moda y cine ha permitido a Prada conectar con diferentes públicos, posicionándose como una marca conceptual e intelectual, ajena al relato de exclusividad y sofisticación del lujo tradicional. En la década de 1990, Miuccia revolucionó el sector con austeridad, captando a un público adinerado que no se veía representado por la exuberancia de la época. Y en la primera década de los 2000, cuando sus competidores replicaban ese estilo riguroso, Prada se volvió a desmarcar con ideas complejas y un aura artística que la han hecho única.

La moda necesita un contexto. Necesita ser entendida, y los filmes pueden proporcionar ese contexto

MIUCCIA PRADA

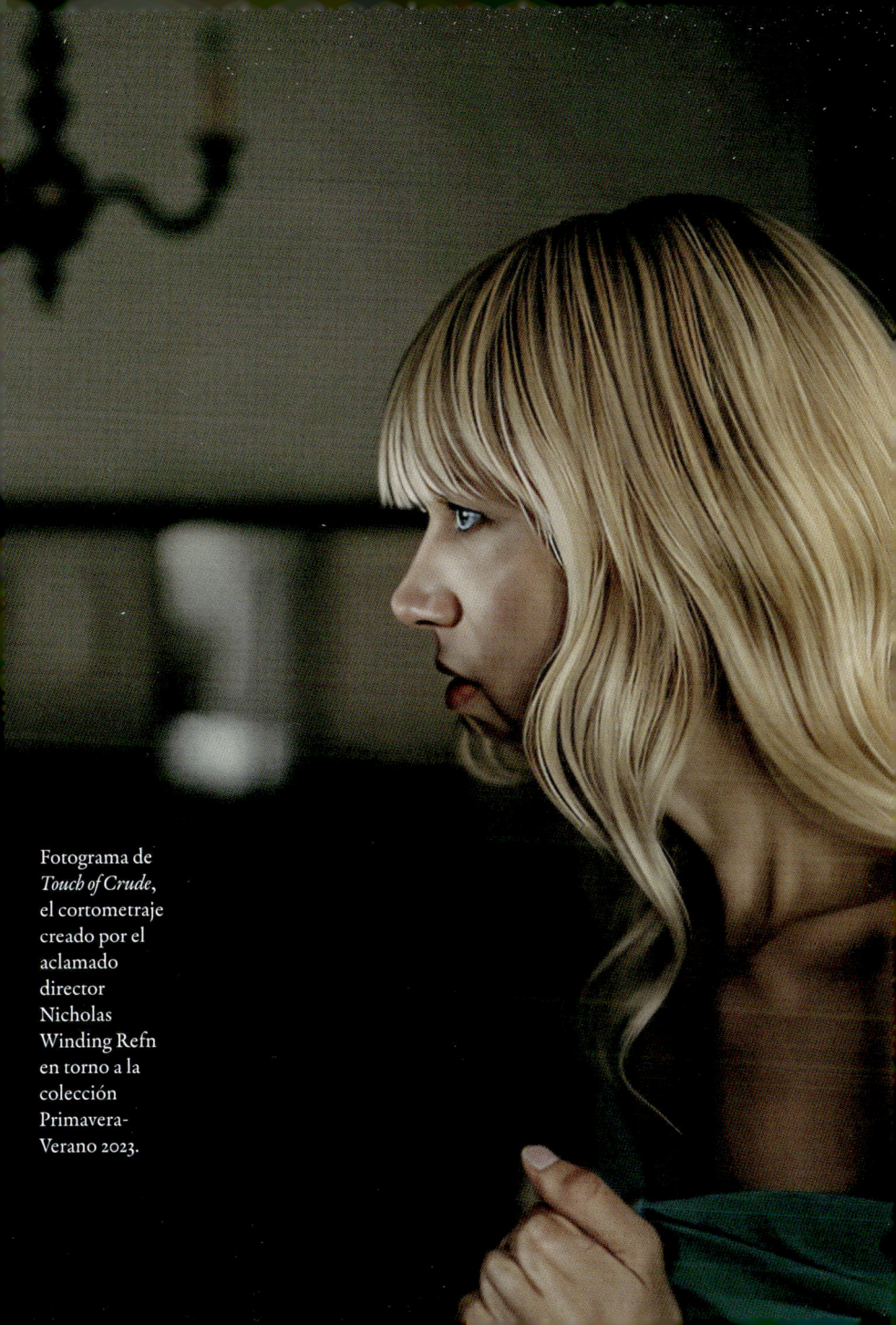

Fotograma de *Touch of Crude*, el cortometraje creado por el aclamado director Nicholas Winding Refn en torno a la colección Primavera-Verano 2023.

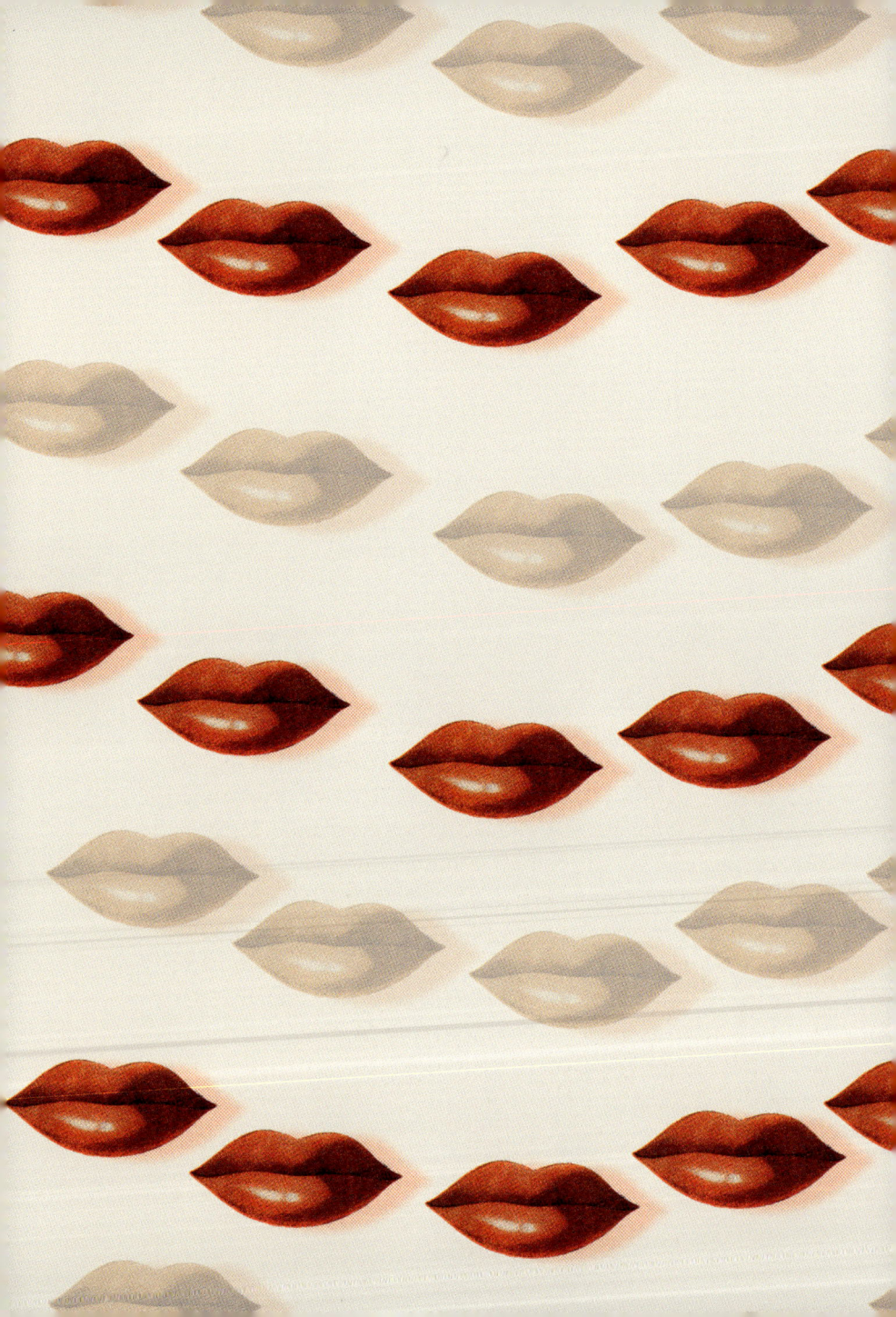

LAS MENTES DETRÁS
DEL UNIVERSO PRADA

Aunque el legado de Prada suele asociarse principalmente con los nombres de Miuccia Prada y Patrizio Bertelli, su éxito e influencia se deben también a la habilidad de la pareja para rodearse de talento. Un reducido grupo de estilistas, diseñadores, creativos y fotógrafos ha aportado visiones originales que han ayudado a construir el peculiar y complejo universo de la marca milanesa. Algunos han formado parte de la compañía durante años, otros han empezado a colaborar recientemente, para sustentar las ventas o mantener la relevancia tras la pandemia, a las puertas de una probable recesión. En cualquier caso, gracias a esta red de creativos, Prada ha logrado definir tendencias y marcar hitos en la industria de la moda.

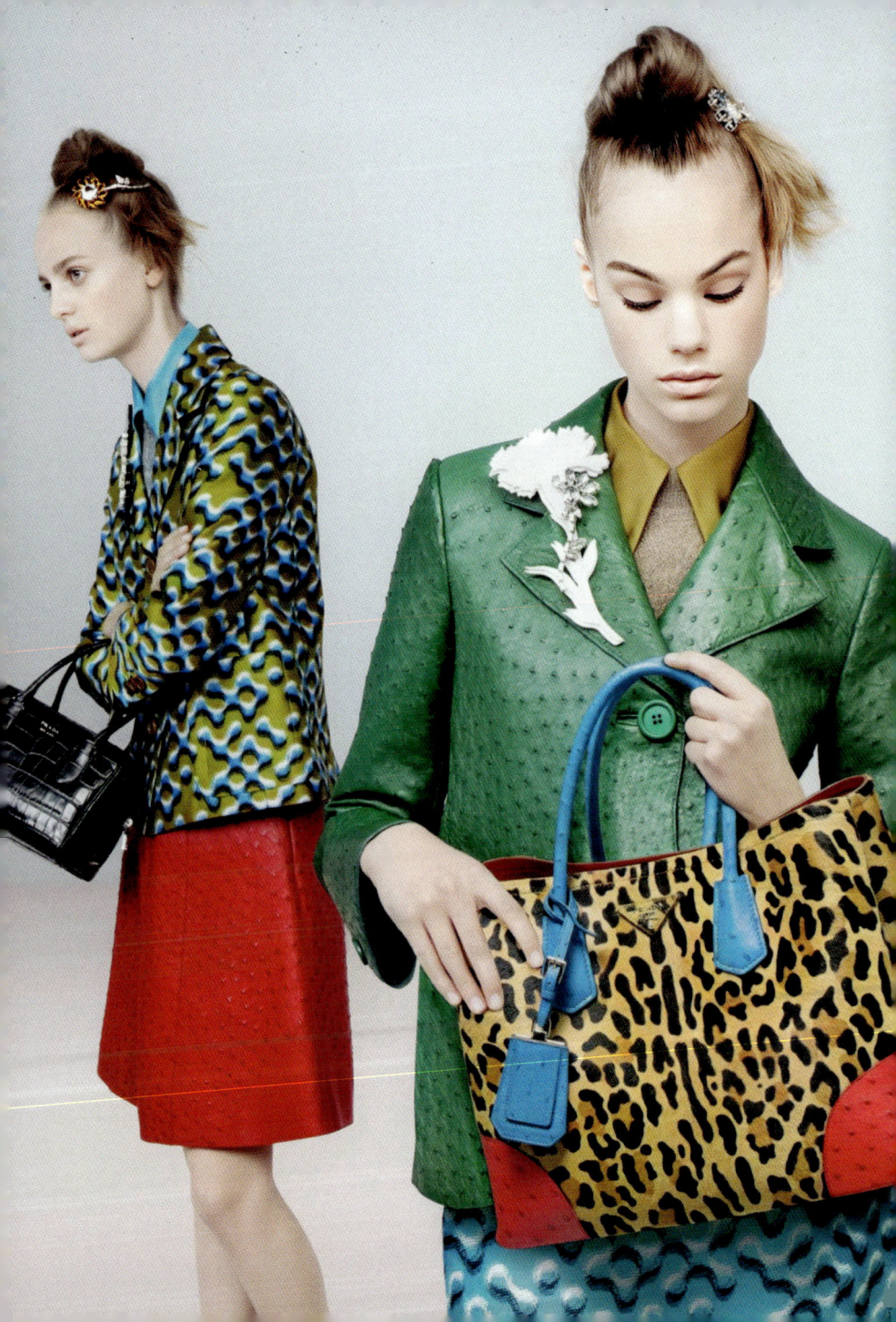

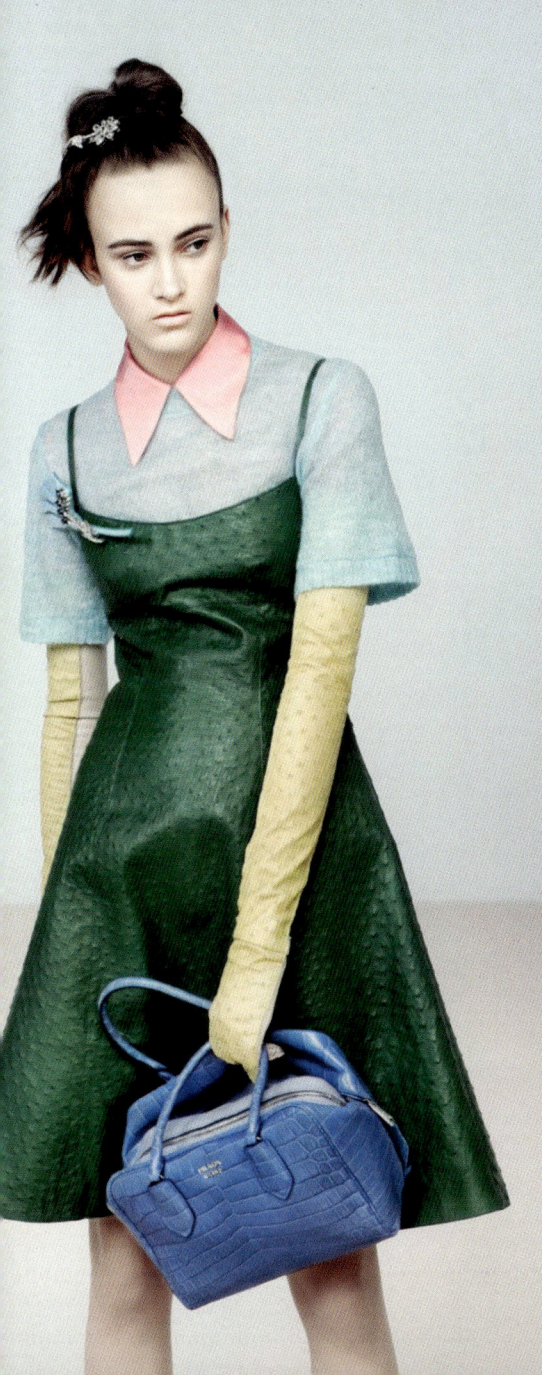

Imagen de
la campaña
Otoño-Invierno
2015-2016 de
Prada, realizada
por Steven
Meisel.
Este fue uno
de los últimos
trabajos de
la estilista
Manuela Pavesi
tras media vida
dedicada a la
marca milanesa.

MANUELA PAVESI: IDEÓLOGA EN LA SOMBRA

Entre las figuras más influyentes en la construcción del estilo de Prada se encuentra, sin duda alguna, Manuela Pavesi. Esta estilista italiana ya había revolucionado el mundo editorial en los años 80 gracias a su trabajo en la edición italiana de *Vogue*. Ella fue pionera en romper con las reglas no escritas de la fotografía de moda al incorporar prendas *vintage* en sesiones de alto perfil y al cambiar la actitud de las modelos en las imágenes, que, bajo su dirección, dejaron de ser únicamente figuras bellas o seductoras para transformarse en personajes desafiantes, misteriosos o incluso perturbadores.

Cuando, tras el éxito de la mochila de nailon, Miuccia Prada decidió adentrarse en el *prêt-à-porter*, no tardó en reclutar a Pavesi como consultora. En ella encontró a una aliada con un conocimiento enciclopédico de la moda y con una perspectiva fresca, libre de prejuicios. Juntas, conceptualizaron la filosofía intelectual que distinguiría a la firma. Pavesi, con su estética personal inspirada en las *flappers* de los años 20, fue fundamental en la creación del famoso estilo *ugly chic*, una propuesta que desafiaba los estándares de belleza convencionales al abrazar lo que otros consideraban feo o pasado de moda. Este enfoque se consolidó con la icónica colección de 1996, en la que se combinaron colores y estampados aparentemente discordantes para proponer una nueva visión de la moda.

Además de su influencia en las pasarelas, Pavesi también definió la narrativa visual de Prada durante los años 90. Fue ella quien incorporó a fotógrafos como Glen Luchford, cuyas imágenes minimalistas e intelectuales redefinieron las campañas publicitarias de la marca. También trabajó con Steven Meisel, que aportó una sensibilidad más cotidiana, y con Cindy Sherman, cuyas obras combinaron lo surrealista con lo costumbrista. Bajo la dirección de Pavesi, las campañas de Prada no solo promocionaban productos, sino que contaban historias que atrapaban la imaginación del público.

Aunque falleció en 2014, el legado de Manuela Pavesi sigue vivo. Su obsesión por aunar prendas y épocas influyó profundamente en diseñadores como Nicolas Ghesquière y JW Anderson, quienes la citan como musa y mentora clave en sus carreras. Su contribución a Prada y a la moda en general es un recordatorio de que las ideas más revolucionarias suelen gestarse en las sombras.

FABIO ZAMBERNARDI: DISEÑAR CONCEPTOS

Otra figura clave en la historia de Prada es Fabio Zambernardi. Este diseñador italiano comenzó su carrera en Prada en 1981, cuando la firma aún llevaba el nombre familiar de Fratelli Prada. Su primer rol fue como diseñador de bolsos, un puesto desde el cual contribuyó a la creación de la icónica mochila de nailon Vela, que marcaría el inicio de la transformación de Prada en una marca global. Pero en 1997, tras el éxito de la colección feísta que redefinió los códigos del lujo, fue ascendido a director de diseño de calzado y de bolsos, y fue en esta posición donde desarrolló algunos de los zapatos más memorables de la marca: modelos Oxford con cámara de aire, merceditas con hebillas arquitectónicas y sandalias cargadas de detalles eclécticos, que se convirtieron rápidamente en objetos de deseo.

LINEA ROSSA

En 1997 Prada creó una línea menor, llamada Linea Rossa, como forma de explorar la intersección entre el lujo y las prendas técnicas para actividades deportivas como el esquí o la náutica. El gran protagonista de todas sus colecciones es el nailon. Con Linea Rossa, Prada se convirtió en la primera marca de lujo que se atrevió a coquetear con lo deportivo, algo que hicieron todas las demás firmas mucho más adelante.

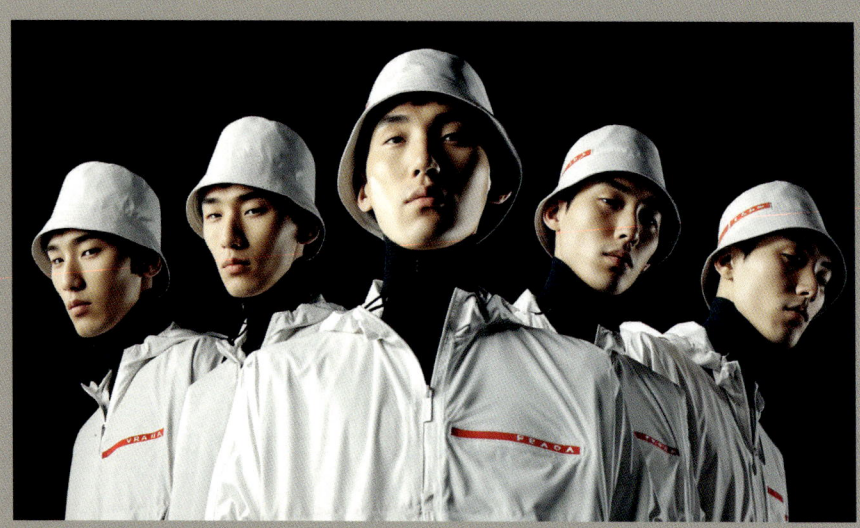

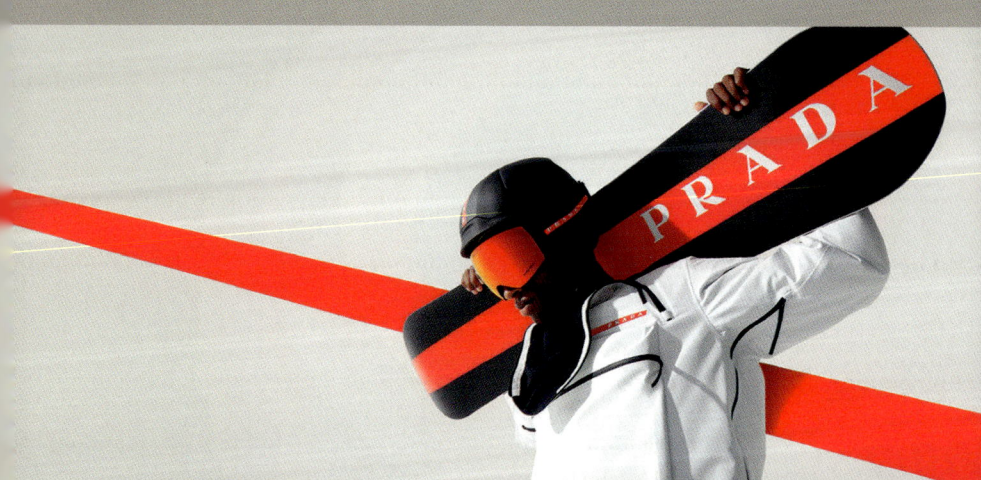

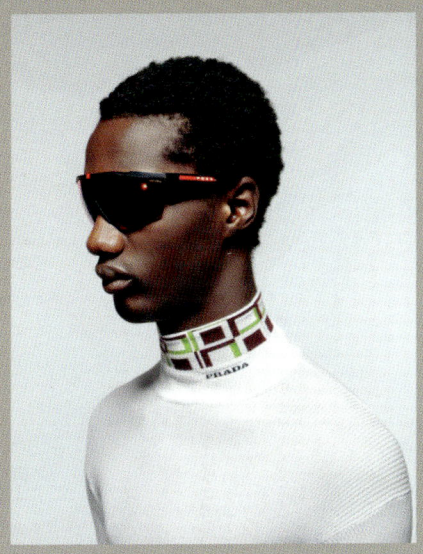

Linea Rossa, cuyo logo es la icónica franja roja con el nombre de la marca en blanco, ha vivido un cambio de imagen en los últimos cinco años, convirtiéndose en una colección más centrada en el diseño, sin dejar nunca de lado su vertiente técnica.

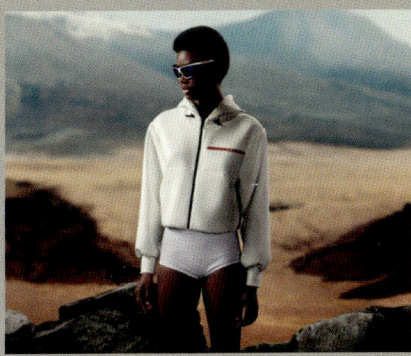

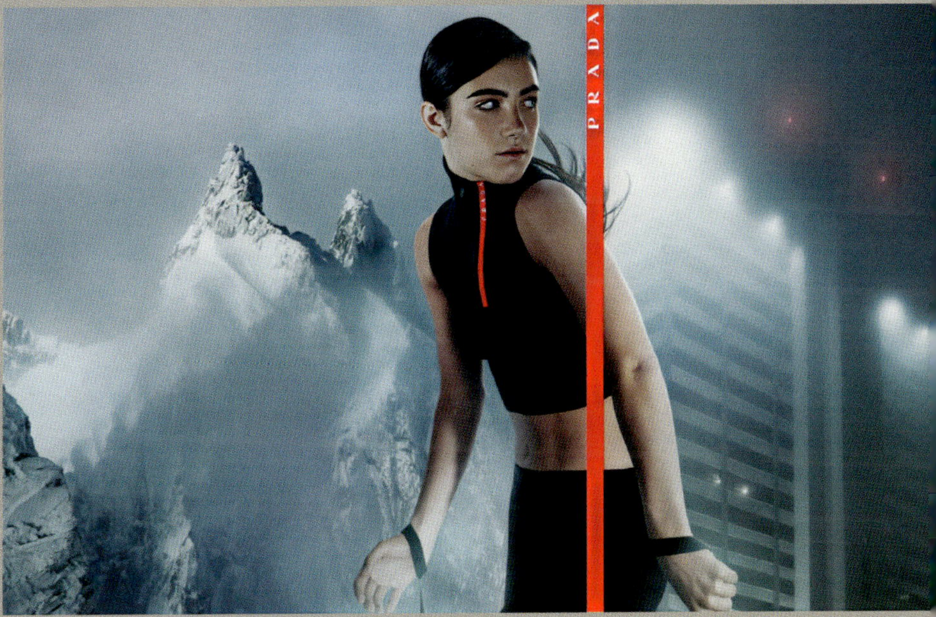

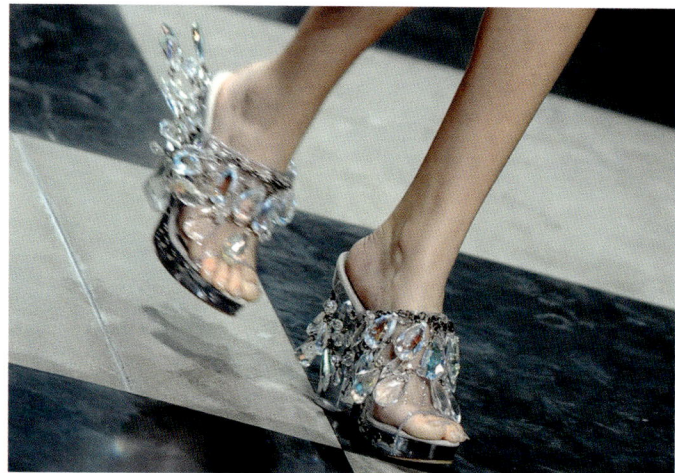

En el año 2000, Miuccia y Patrizio Bertelli reconocieron el
talento de Zambernardi y lo nombraron director de diseño de
Prada. A partir de entonces, fue él quien supervisó todas las
colecciones masculinas y femeninas, así como los accesorios
de la firma, en estrecha colaboración con Miuccia. Dos años
más tarde, el diseñador asumió también el liderazgo creativo
de Miu Miu, asegurando así una coherencia estética entre ambas marcas. Esta jerarquía lo situó realmente como «la mitad
del cerebro de Prada», un título que reflejaba no solo su habilidad técnica sino también su afinidad por los conceptos inesperados que han definido el estilo de la casa.

No obstante, a pesar de su influencia, Zambernardi ha
mantenido un perfil bajo a lo largo de su carrera, evitando entrevistas y apariciones públicas. En las pocas ocasiones en las
que Miuccia Prada ha hablado de él, ha destacado su obsesión
por la funcionalidad de las prendas y su pasión por los objetos

inusuales. Este enfoque, que mezcla lo utilitario con lo conceptual y lo irónico, lo convirtió en una pieza fundamental del engranaje creativo de Prada. Incluso supervisó el diseño de los frascos de perfume cuando la firma empezó a comercializar fragancias, asegurándose de que cada detalle estuviera en línea con la identidad de la marca.

En sus últimos años en la casa, Zambernardi exploró también el diseño de vestuario para ópera, y llevó así su sensibilidad estética a un nuevo ámbito. Bajo su dirección, el vestuario operístico se modernizó, combinando opulencia y teatralidad con un enfoque más contemporáneo.

Sin embargo, en 2023, tras 40 años en Prada, decidió retirarse para dedicarse exclusivamente al teatro. Su salida coincidió con cambios significativos en la marca, como la llegada de Raf Simons como codirector creativo y el nombramiento de Andrea Guerra como nuevo CEO. Aunque se desconocen las razones exactas de su partida, su legado quedó sellado en el desfile de Primavera-Verano 2023, en el que Miuccia, Simons y Zambernardi salieron juntos a recibir los aplausos del público. Fue un momento histórico para una figura que, durante décadas, había estado tomando decisiones cruciales desde las sombras.

OLIVIER RIZZO, KATIE GRAND Y LOTTA VOLKOVA: LA MAGIA DEL ESTILISMO Y LA VIRALIDAD

El estilista encargado de combinar las prendas en los desfiles de Prada y de determinar los maquillajes y los peinados de las modelos es el belga Olivier Rizzo, quien lleva casi 20 años desempeñando este rol. Su elección no fue casual; Rizzo había trabajado durante años en campañas y editoriales junto a uno de los fotógrafos favoritos de Prada, Willy Vanderperre, y ya había sido estilista de Raf Simons tanto en su etapa en Jil Sander como en Dior.

Conocido por su aproximación natural y espontánea a la moda, Rizzo supone un contrapunto perfecto para los complejos diseños de Prada. Además, suele incorporar elementos de la cultura pop, como el cómic o el cine, para dar forma a sus estilismos, algo que resulta ideal para una marca profundamente iconoclasta como esta.

Sin embargo, en Miu Miu, fundada por Prada en los años 90 para captar a una clientela más joven y rebelde, la responsable de estos estilismos entre 2000 y 2015 fue la británica Katie Grand, una de las estilistas y editoras más influyentes de la moda contemporánea. En esta línea secundaria de Prada, el lugar del estilismo influye tanto o más que el diseño de las prendas, y Grand, a través de desfiles, campañas y editoriales, le aportó a la marca una identidad rebelde que combinaba romanticismo, cursilería y subversión, dándole a Miu Miu una imagen *grunge* y liberadora, excepcional en el lujo, y transformándola en una marca deseada por derecho propio. Gracias a su trabajo, Miu Miu dejó de ser vista como la hermana pequeña de Prada.

De hecho, en 2024 pasó a ser la firma de mayor crecimiento a nivel mundial. En un contexto donde muchas grandes marcas de lujo vivieron un estancamiento en sus ventas, debido en parte a una menor demanda de moda occidental por parte del consumidor asiático y al agotamiento de las clientelas frente a las constantes novedades y tendencias efímeras, Miu Miu creció un 105 % respecto a 2023. Es decir, duplicó sus ventas, un logro excepcional en la industria del lujo. Y este éxito se debió, en parte,

Dos modelos en el *backstage* del desfile Primavera-Verano 2019 de Prada, que convirtió las diademas en superventas. Su estilismo corrió a cargo de la británica Katie Grand.

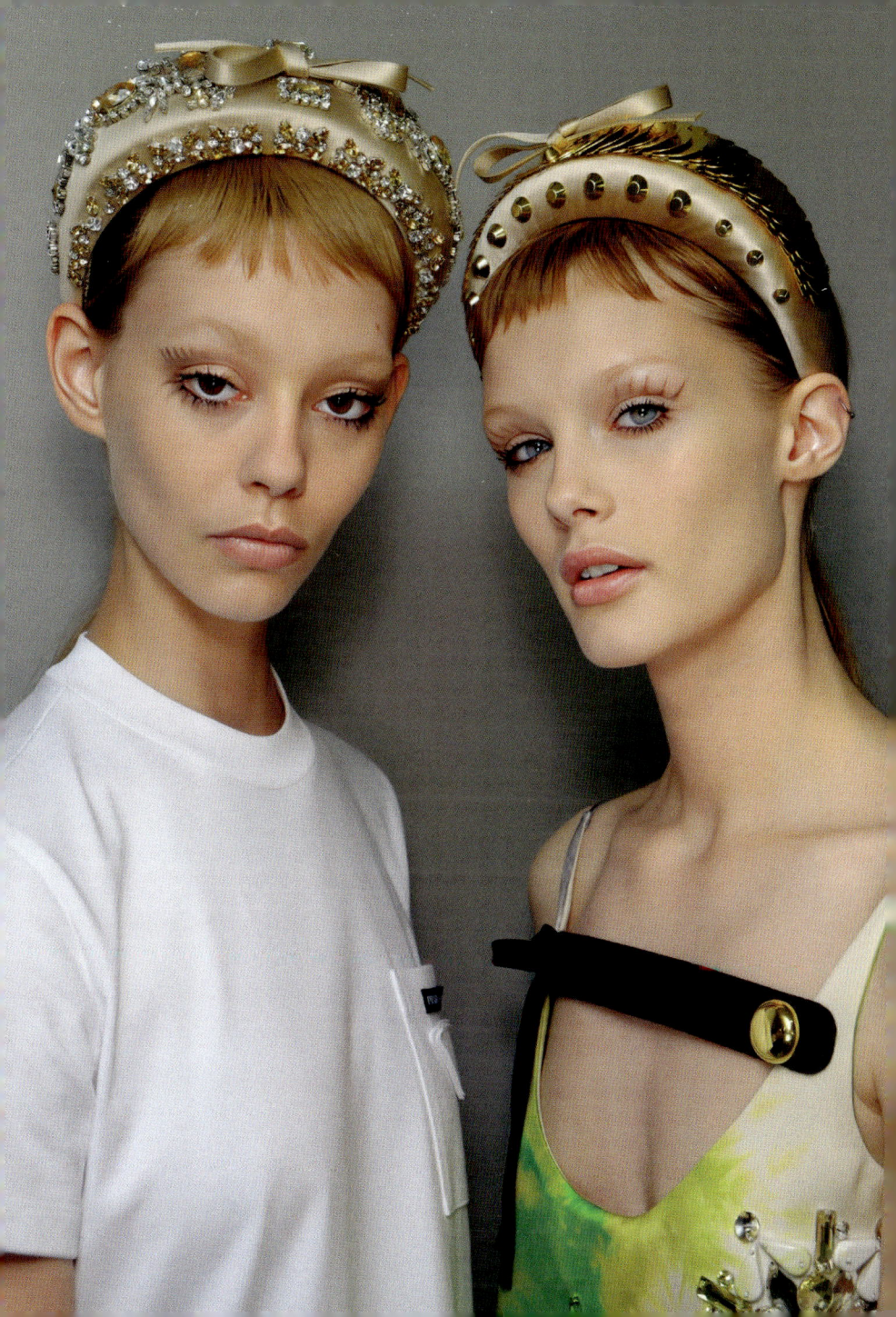

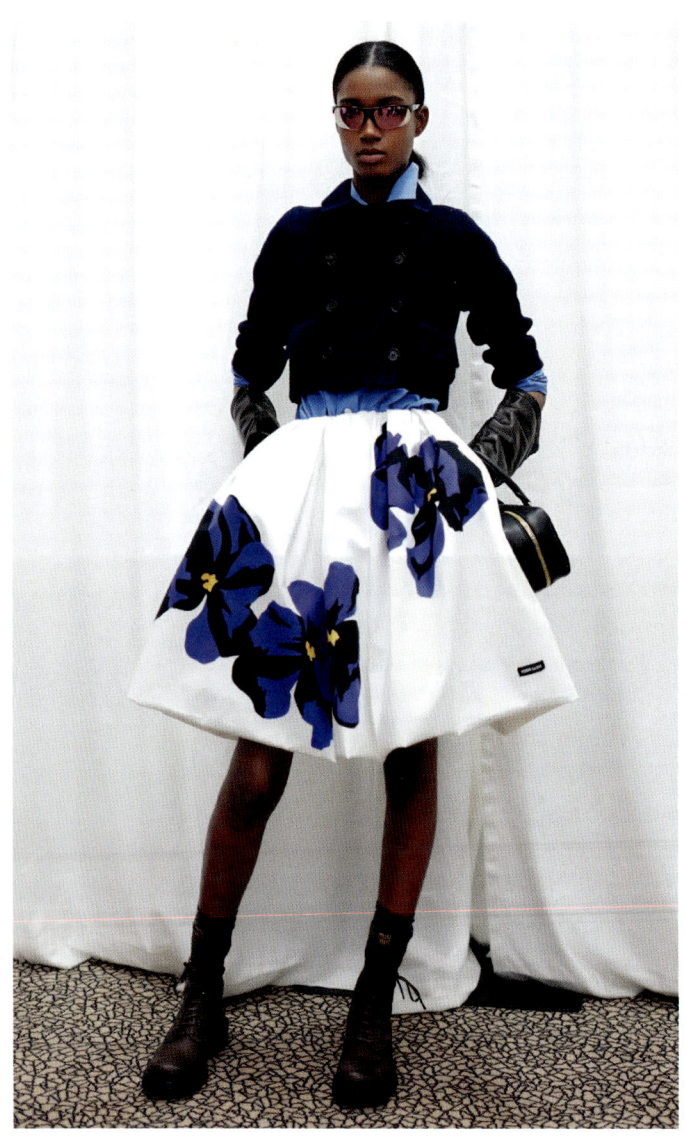

Uno de los estilismos más virales que Lotta Volkova ha realizado para Miu Miu: abrigo marinero y falda de popelina floreada.

a que sus prendas se convirtieron en virales a través de los desfiles celebrados durante la Semana de la Moda de París.

No obstante, se podría decir que la verdadera artífice del «milagro Miu Miu» en estos años ha sido la rusa Lotta Volkova, quien se ha convertido en la estilista más influyente de la década gracias a un estilo único que combina nostalgia y provocación.

Volkova comenzó a destacar unos años antes al iniciar su colaboración con el diseñador ruso Gosha Rubchinskiy, con quien compartía un interés común por explorar la cultura juvenil postsoviética. Juntos, crearon una estética cruda inspirada en la vida urbana de Europa del Este, que rápidamente captó la atención de una industria poco acostumbrada a mirar hacia esa región del mundo. Pero el gran salto al estrellato de Volkova llegó cuando se unió al equipo creativo de los georgianos Demna y Guram Gvasalia, fundadores de Vetements. Esta firma independiente, una de las más frescas y exitosas de los últimos años, permitió a Volkova explorar un estilo *kitsch* e irónico que convertía objetos cotidianos, como una bolsa de Ikea o un uniforme de mensajero, en productos de lujo. Este enfoque desafió los estereotipos más evidentes del consumo de moda occidental.

Cuando Volkova llegó a Miu Miu, en 2020, ya había trabajado con Jean Paul Gaultier y Maison Margiela, aportando su visión experimental y su habilidad para conectar lo cotidiano con lo conceptual. Por esta razón, Miuccia Prada requirió sus servicios, en una búsqueda de redefinir el estilo de su marca con un enfoque más cultural y cotidiano. Volkova tomó decisiones innovadoras, como recortar faldas de colegiala para darles un toque punk, mostrar la cinturilla de las medias por encima de las faldas o llenar los bolsos de la marca con objetos aparentemente inservibles. Estas ideas reflejaban la cotidianidad y la caótica rutina diaria de cualquier mujer.

Con la llegada de Volkova, Prada introdujo un elemento poco explorado en la moda: la imperfección. Este enfoque ha conectado con millones de jóvenes, consolidando el crecimiento de Miu Miu como una excepción en un panorama dominado por el clasicismo y la inercia.

Pocas marcas de moda pueden decir que, en 40 años de andadura, no han sufrido ninguna bajada significativa en las ventas, es decir, que han sorteado las crisis económicas sabiendo responder a ellas y a la demanda. Hay dos elementos clave, y excepcionales, que han permitido a Miuccia y Bertelli este crecimiento: el primero, ir a contracorriente, es decir, crear productos al margen de las tendencias del momento y diseñar teniendo en mente referencias no muy comunes entre los diseñadores estrella de cada época. El segundo tiene que ver con que esta forma de ver la moda, como algo que va mucho más allá de la estética o de las tendencias de un momento concreto, les ha permitido que muchas de sus prendas y accesorios tengan hoy la misma vigencia que hace 20, 30 o 40 años, o lo que es lo mismo, que sean atemporales y estén fuera de la moda. Por eso, las mochilas de nailon o los estampados feístas, o incluso los zapatos con hormas extrañas, siguen estando en sus tiendas, temporada tras temporada, y sus ventas no están sujetas a los vaivenes socioeconómicos.

Una de las últimas campañas de Miu Miu, en la que aparecen de forma integrada pequeños objetos por los que ha apostado la marca, desde las gafas graduadas hasta las muñequeras.

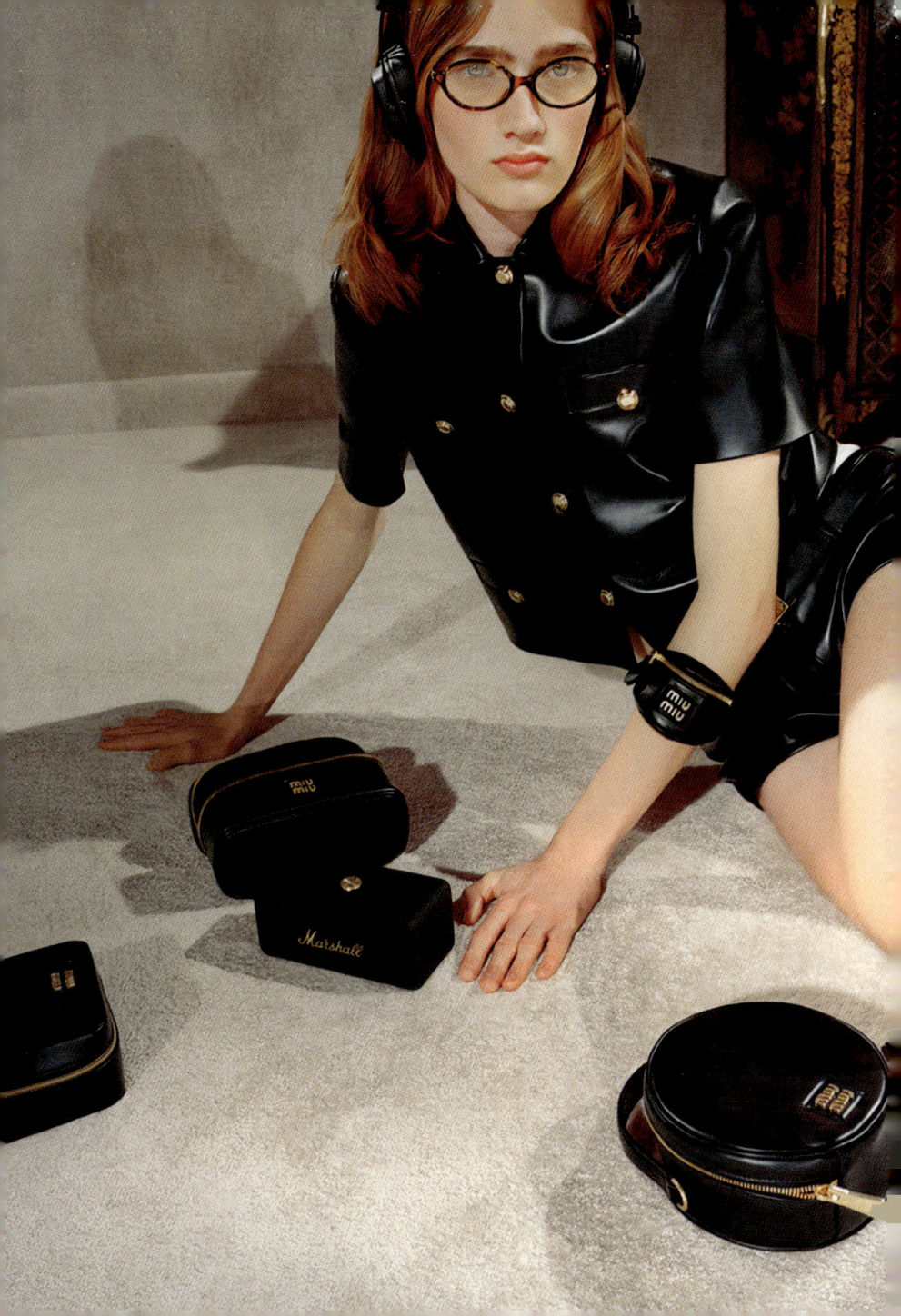

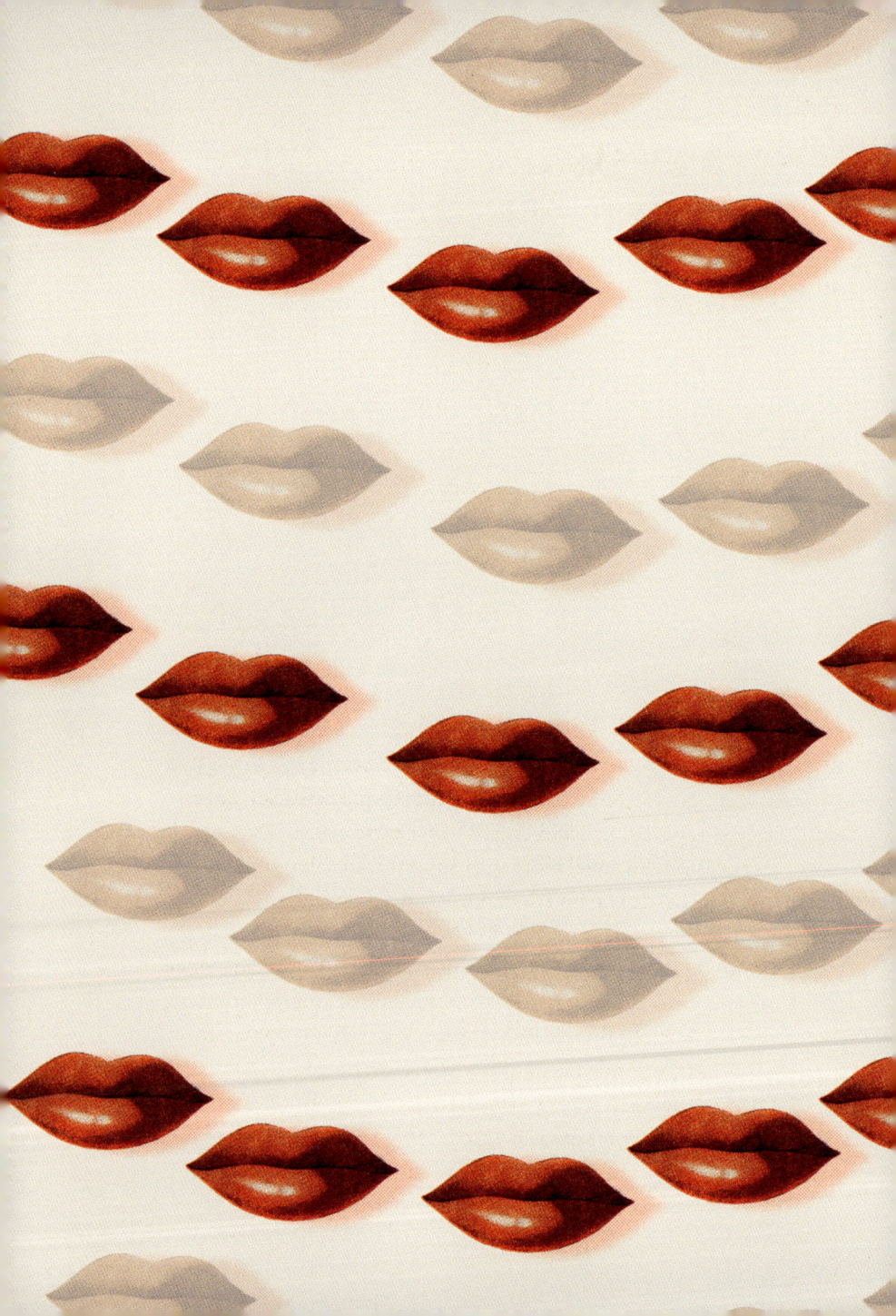

RAF SIMONS Y EL NUEVO PRADA

En 2017, la revista francesa *System Magazine* dedicó su octavo número a Miuccia Prada y a Raf Simons, dos diseñadores que no suelen dar entrevistas pero que decidieron entrevistarse el uno al otro para esa ocasión. En aquel momento Simons trabajaba como director creativo de Calvin Klein, posición que dejaría un año más tarde. Antes había trabajado en Dior, pero la fama le llegó como director creativo de Jil Sander, una marca basada en el diseño minimalista que había pertenecido al grupo Prada hasta 2015. Fue allí donde Raf y Miuccia pudieron conocerse y colaborar, y donde nació una admiración mutua.

En la entrevista para *System Magazine*, ambos diseñadores conversaron, entre otros asuntos, sobre la corrección política que impera en el mundo de la moda. «Creo que los diseñadores deberíamos ser más libres para decir lo que realmente pensamos. Hoy en día, ya no podemos; se supone que siempre debemos autocensurarnos», afirmaba Simons, quien, como Miuccia, siempre ha tratado asuntos complejos en sus colecciones, como las subculturas juveniles que se oponen al sistema o incluso el temor a la guerra. También dialogaron sobre la libertad creativa de ambos y sobre cómo no les importaban los prejuicios que rodeaban su trabajo.

«Prada es mi propia compañía, así que es culpa mía que tenga el tamaño que tiene. Pero no debo preocuparme si no crecemos lo suficiente para el mercado. Qué más da, ¿a quién le importa?», confesaba Miuccia acerca de la evolución de su marca y acerca de su empeño en mantenerse independiente en un mercado dominado por los grandes conglomerados dueños de decenas de marcas de lujo. En aquel momento, en el año 2017, las ventas de la firma eran estables, pero no habían crecido al ritmo de otras marcas como Gucci o la propia Dior. La entrevista finalizaba con una sugerencia de la diseñadora al creativo belga: «Deberíamos intercambiar marcas por una temporada, solo por diversión». Simons respondió: «Sería interesante ver cómo cada uno interpretaría la marca del otro». Entonces nadie sabía que aquella sugerencia se convertiría, tres años más tarde, en una realidad.

Efectivamente, en febrero de 2020, durante la Semana de la Moda de Milán y pocos días antes de que Italia decretara el confinamiento por la pandemia del COVID-19, Miuccia Prada convocó a los medios de comunicación internacionales que se encontraban en la ciudad para una rueda de prensa en su Fundación. El estancamiento en las ventas había desatado rumores

Miuccia Prada y Raf Simons saludan tras el desfile masculino de Primavera-Verano 2024.

sobre la retirada de la diseñadora, que entonces tenía 70 años. De hecho, la colección Otoño-Invierno 2020 que había presentado días antes se había visto como una especie de autohomenaje a sus 40 años de carrera, dado que incluía algunos estampados, accesorios y siluetas muy similares a los que había presentado en varios de sus desfiles más celebrados.

Sin embargo, Miuccia no se retiraba. Lo que quería era anunciar que a partir de ese momento Raf Simons diseñaría junto a ella, en un movimiento inaudito para esta industria, pues son muy pocas las marcas que sustentan dos directores creativos con responsabilidades compartidas a partes iguales.

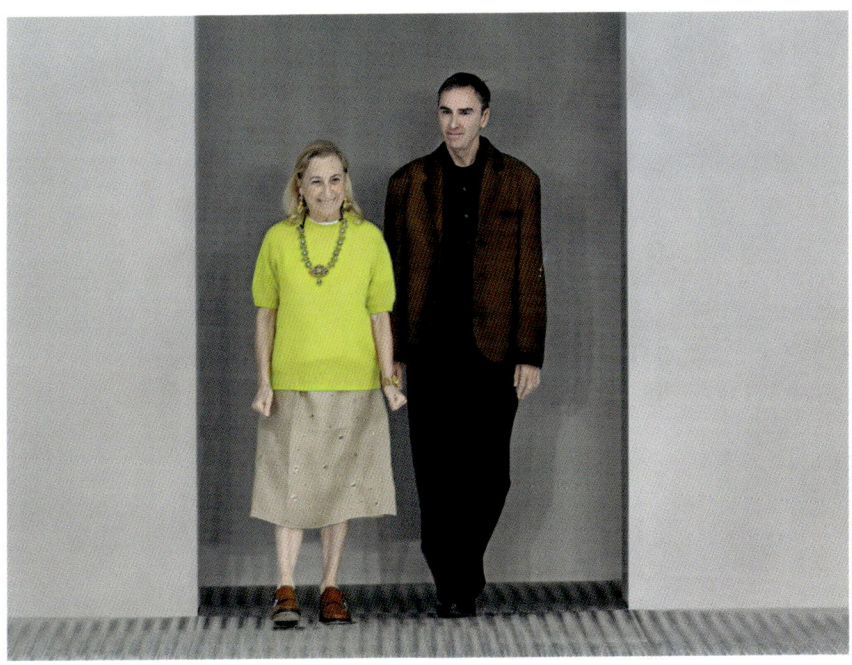

La novedad es la pesadilla de los diseñadores. Y ahora
no es tan relevante. Ahora es el momento de volver a las
raíces para poder expresarte

MIUCCIA PRADA

«Esta asociación, que abarca todas las facetas creativas de Prada, nace de un profundo y recíproco respeto y de una conversación abierta: es una decisión mutua, propuesta y determinada por ambas partes. Abre un nuevo diálogo entre dos diseñadores que han sido ampliamente reconocidos como dos de los más importantes e influyentes de la actualidad. Conceptualmente, también es un nuevo enfoque de la definición misma de dirección creativa para una marca de moda: un fuerte desafío a la idea de la singularidad de la autoría creativa, a la vez que un refuerzo audaz de la importancia y el poder de la creatividad en un panorama cultural cambiante», afirmaban en el comunicado que siguió a aquella rueda de prensa. «La innovación es una faceta inherente a la identidad de Prada: la voluntad de superar los límites, de experimentar y de aprovechar las oportunidades para avanzar. [...] Este diálogo creativo radical, de hecho, es una reiteración de las filosofías de Miuccia Prada y Raf Simons. Está perfectamente en sintonía con la historia individual de reinvención, provocación, exploración valiente y el poder de las ideas de cada diseñador, ahora unidas», concluían ambos diseñadores.

La primera colección que crearon juntos vio la luz en septiembre de ese mismo año. Lo hizo en la Fundación a puerta cerrada, dada la situación de pandemia mundial, y se distribuyó en vídeo a los medios de comunicación. El escenario, realizado por el arquitecto Rem Koolhaas, era un cubo amarillo y las cámaras que lo grababan también entraban dentro de plano, generando una atmósfera asfixiante muy en sintonía con el momento.

Aquel fue el primer desfile de la nueva era de Prada, mucho más adaptada a los tiempos y en la que la moda se viralizaba a través de las redes sociales. El logo triangular de la casa estuvo mucho más presente en prendas y accesorios, y los colores y estampados fueron bastante más llamativos: amarillos, rojos, blancos y naranjas, muy en sintonía con el trabajo de Simons pero alejados del de Miuccia, quien normalmente se centraba en la paleta de marrones, azules y negros.

«La novedad es la pesadilla de los diseñadores. Y ahora no es tan relevante. Ahora es el momento de volver a las raíces para poder expresarte», comentó la diseñadora italiana en la ronda de preguntas que siguió a la presentación. Sin embargo, esta nueva estética sí resultaba novedosa para la marca, dado que se trataba de prendas mucho más básicas y similares a las de sus competidores. Ambos coincidieron en que se trataba de explorar la idea del uniforme, es decir, de las prendas que se llevan casi sin pensar y que definen de algún modo la identidad de quien las lleva. En realidad no reflexionaban sobre los uniformes de trabajo (eso lo harían después) sino sobre el concepto de fondo de armario, esa ropa que se lleva a diario y sirve para casi cualquier circunstancia.

LOGOS Y UNIFORMES: EL NUEVO PRADA

En estos años, el dúo creativo Prada-Simons ha realizado casi una decena de colecciones. Tras aquel desfile debut en otoño

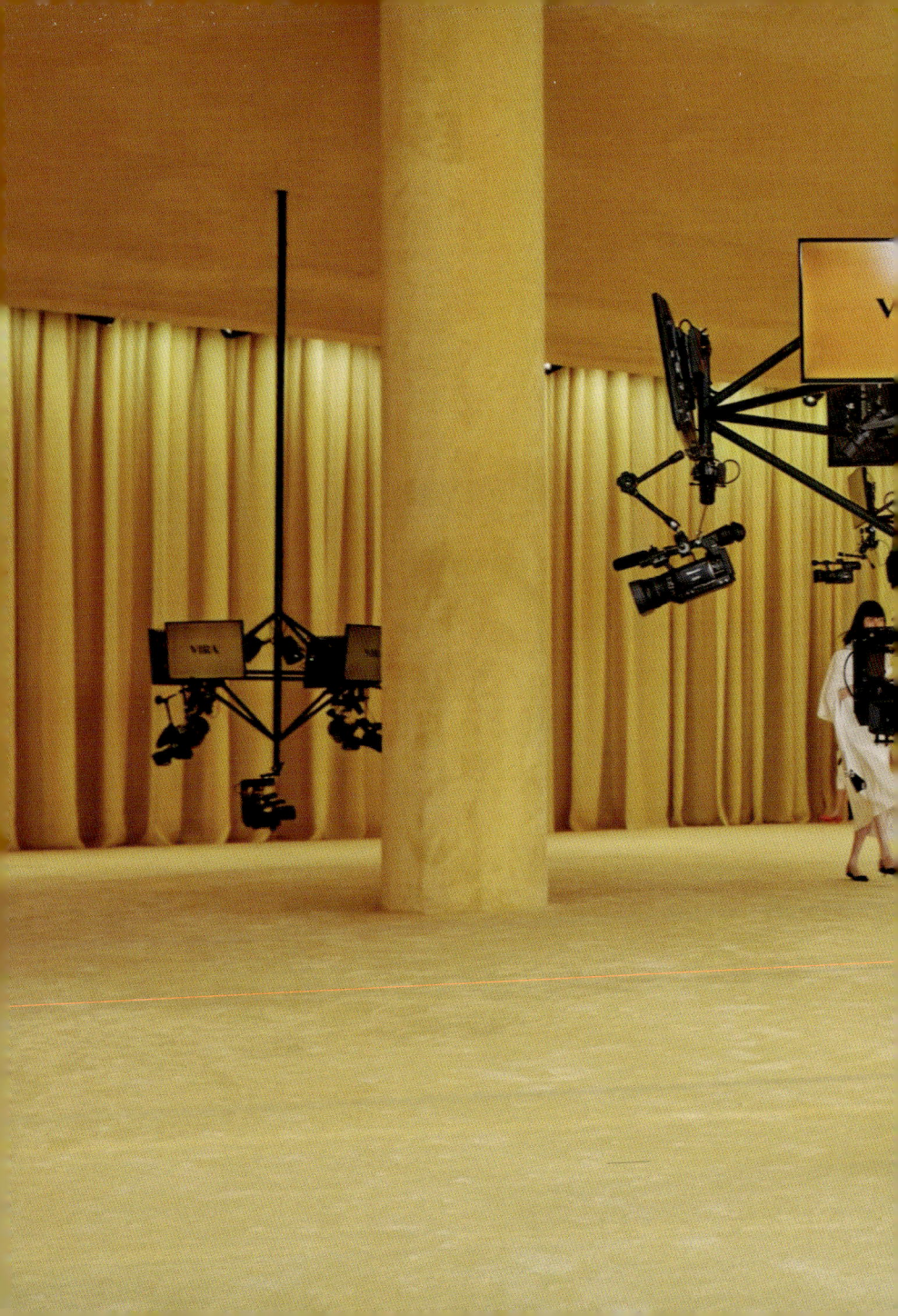

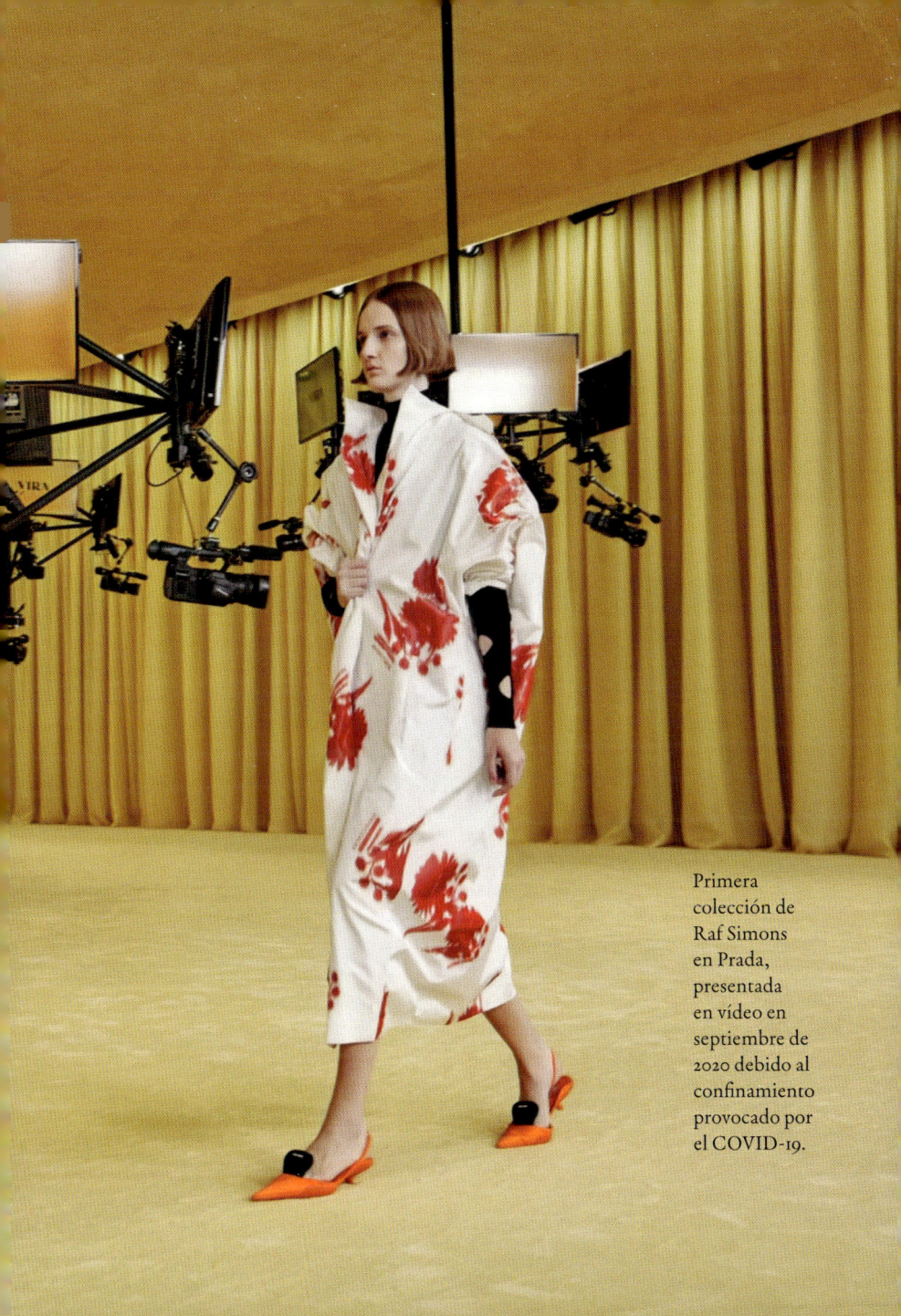

Primera colección de Raf Simons en Prada, presentada en vídeo en septiembre de 2020 debido al confinamiento provocado por el COVID-19.

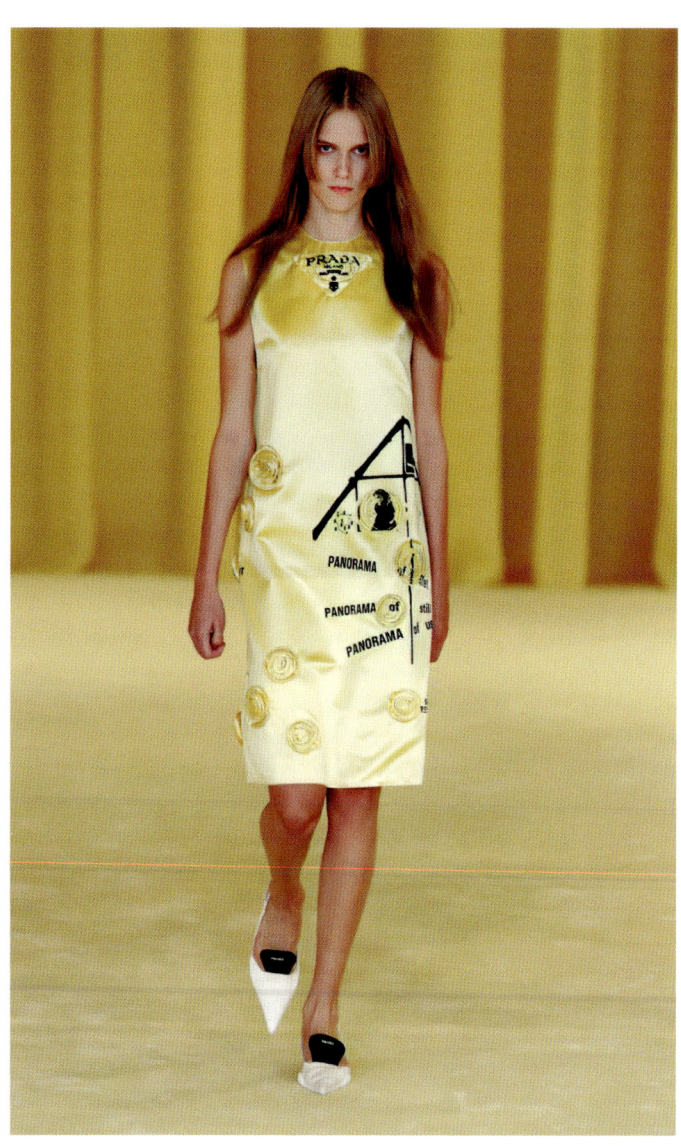

El nailon y
los colores
típicos de
Miuccia se
mezclan con
los mensajes
estampados y el
juego bicolor en
los zapatos
característicos
de Simons.

de 2020, en el que el logo de Prada y las prendas básicas eran omnipresentes, ambos han añadido otro elemento conceptual a las colecciones de la casa: el uniforme.

Lo hicieron, por ejemplo, en la colección Otoño-Invierno 2022-2023. Se trataba de una reflexión sobre el uniforme que había creado Prada en los últimos 40 años, una revisitación de los elementos más característicos de su identidad o, como ella describía en el comunicado que acompañaba al desfile, «un repaso por la tradición, un hilo conductor de recuerdos y nemotecnias que va del pasado al presente. Recuerdos que componen una historia protagonizada por mujeres». Esa idea del autohomenaje se traducía en chaquetas de lana muy armadas sobre vestidos o faldas transparentes y con pedrería, como un modo de enfatizar y encapsular el juego de elementos opuestos que ha caracterizado a la marca desde su fundación. Rigor y delicadeza combinados con estampados de estilo setentero de colecciones pasadas, faldas a la rodilla con volumen o plumíferos deportivos bordados. En definitiva, un repaso a lo que significaba Prada en el pasado convertido en una especie de uniforme del presente.

Ese «Prada destilado» que surgió de la mano de Simons dio otra vuelta de tuerca en la colección Otoño-Invierno 2023-2024: «La belleza aquí no viene determinada por la estética, sino por la acción: las prendas son signos, representaciones de la belleza del cuidado, del amor, de la realidad», contaban ambos creadores acerca de la colección. Los jerséis grises y amplios se combinaban con faldas blancas con aplicaciones de flores, las chaquetas de pana se llevaban sobre vestidos delicados, y las batas blancas terminaban en cola. Cada prenda era una metáfora de cómo el uniforme utilitario (el de enfermera, el de oficinista, el de doctora...) podía transformarse en un objeto de belleza.

En las últimas colecciones del dúo creativo estos juegos de opuestos han sido aún más evidentes: en la de Otoño-Invierno 2024-2025 los gorros y las chaquetas militares se han combinado con vestidos en colores pastel repletos de lazos, como una forma explícita de hablar sobre la dureza y el rigor en contraste con la fragilidad y la idea clásica de lo cursi. Mezclando ambos conceptos, Prada buscaba subvertir las ideas asociadas a la feminidad clásica (romántica, emocional, débil...), algo que en realidad lleva haciendo desde los años 80, aunque en esta ocasión lo hizo de forma más explícita a través de este juego con los uniformes.

En su desfile para la colección Primavera-Verano 2025, celebrado en septiembre de 2024, Prada y Simons jugaron con la idea del algoritmo digital y cómo este predice y encasilla nuestros gustos. «Prada se caracteriza por su pluralidad, por los elementos de diferentes épocas que coexisten de forma simultánea para desafiar cualquier teoría cronológica y crear contradicciones imposibles, puntos de diferencia», explicaban sobre una colección basada en las combinaciones imposibles: *shorts* con jerséis, faldas agujereadas, lana con metalizados, vestidos repletos de anillas, sujetadores con faldas largas...

El hilo conductor de ese *totum revolutum* de prendas era precisamente la autenticidad, es decir, el antiuniforme; en época de tendencias homogéneas que pueblan las redes sociales, el dúo de creadores se preguntaba con esta colección si es posible tener una estética propia más allá de la lógica de los algoritmos y los estilos de masas.

Detalles del desfile Otoño-Invierno 2023-2024, en el que las cazadoras bómber, una de las prendas fetiche de Simons, se decoraron con plumas y pedrería imitando la estética de los años 20, la favorita de Miuccia. También se recurrió al estampado feísta de la colección de 1996.

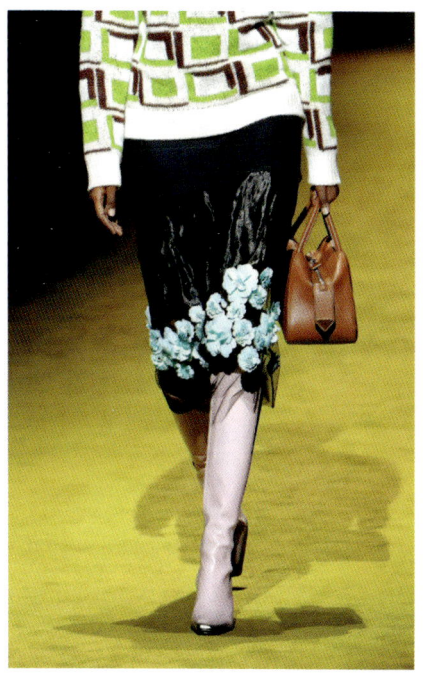

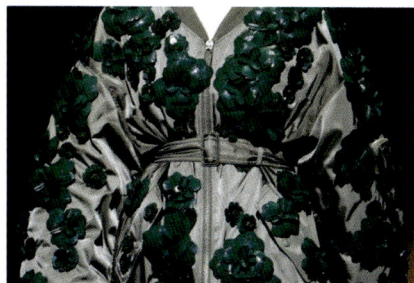

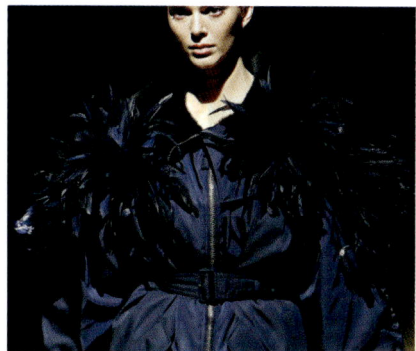

UN PRESENTE BRILLANTE

Miuccia Prada nunca ha dado una explicación real sobre por qué, tras más de 40 años, decidió compartir su protagonismo con Raf Simons. En las entrevistas que ha concedido solo ha hablado de la idea de un enfoque innovador en la moda, alejado del director creativo único como cabeza que toma cualquier decisión en materia estética. Pero lo cierto es que la llegada de Simons, que pilló a todos desprevenidos, parece responder a un relevo generacional. Miuccia Prada tiene actualmente 75 años, y Patrizio Bertelli, 78, de ahí que lleven va-

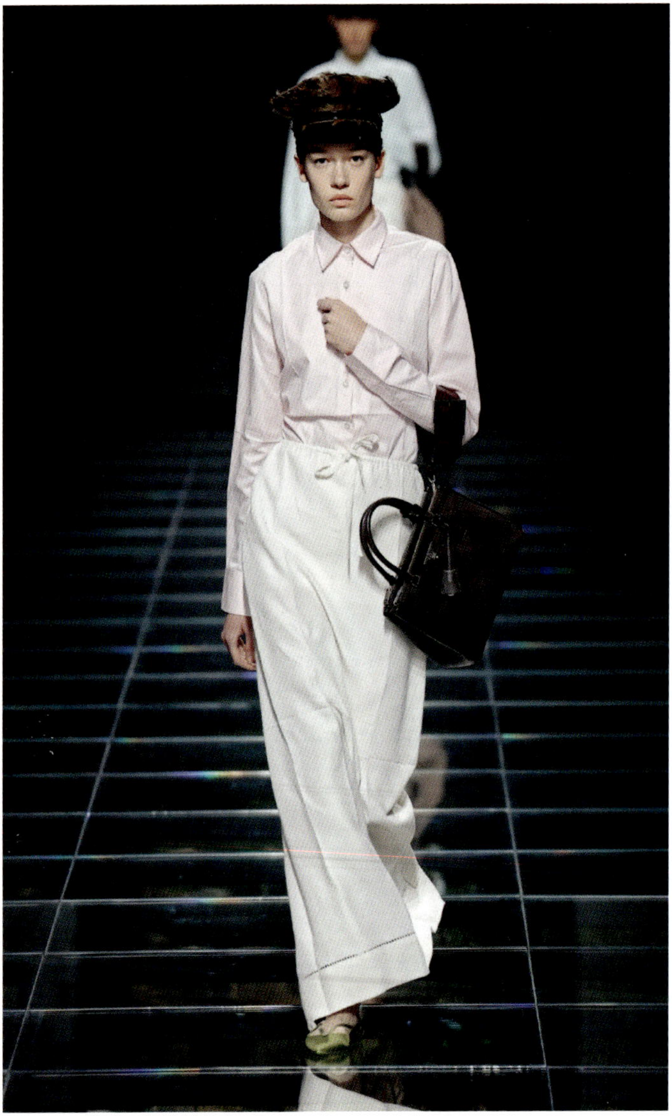

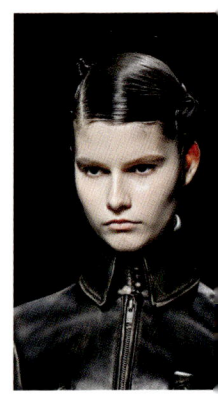

Detalles del
desfile Otoño-
Invierno 2024-
2025, en el que la
sobriedad de la
indumentaria
militar se
deconstruye
a través de
elementos
considerados
cursis, como
los lazos o los
tonos pastel.

PRADA

rios años preparando su sucesión. En 2017, su hijo mayor, Lorenzo Bertelli, abandonó su carrera como piloto de *rallies* para convertirse en el director de comunicación global de todo el grupo (actualmente el grupo Prada gestiona la marca homónima, Miu Miu, la firma de calzado Church's y la cadena de pastelerías milanesas Marchesi) y entrar, en 2022 en la junta directiva. En 2023 Prada nombró a Andrea Guerra, un ejecutivo procedente de LVMH, nuevo CEO de todo el grupo; Bertelli, que lo había sido desde la creación de la marca en 1978, se convirtió en presidente, y Miuccia dejó sus labores directivas para centrarse solo en el diseño de Prada y Miu Miu: «este es un paso fundamental que hemos decidido dar para contribuir a la evolución del grupo Prada y facilitar la sucesión de Lorenzo Bertelli, el futuro líder», contaban en un comunicado.

La decisión de integrar a Simons en la dirección creativa parece responder a lo mismo: preparar el Prada del futuro. De hecho, el belga cerró su marca homónima en 2022 tras 20 años de éxitos, algo que el público interpretó como un trámite necesario si quería ostentar la dirección creativa de Prada en solitario a medio plazo. En cualquier caso, el nuevo Prada, con su logotipo más destacado en las prendas y con diseños mucho menos complejos que los anteriores, ya está dando sus frutos.

Cuando la marca anunció la llegada del belga en 2020 no estaba pasando por su mejor momento, las ventas llevaban cinco años estancadas. Pero cuatro años más tarde, su facturación había aumentado en casi un 30 %, llegando a facturar cerca de 4.200 millones de euros en 2023. Esto ocurría, además, en un momento en el que, por primera vez en dos décadas, las grandes firmas de lujo de los grupos LVMH y Kering no esta-

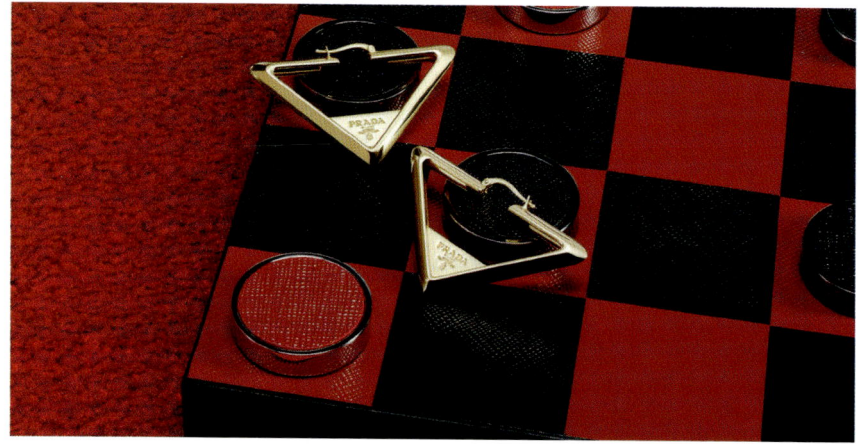

ban facturando lo esperado. Junto a Raf, Prada saneó sus ventas haciendo caja con su logotipo, ahora omnipresente, y comercializando prendas básicas convertidas en virales: desde una sencilla camiseta blanca de tirantes con el nombre de la enseña en el frontal hasta gorros de pescador de nailon, bailarinas puntiagudas o incluso pendientes con el icónico triángulo como única decoración. Ya no se trataba, como antaño, de estilos complejos para clientas que buscaban reforzar su estilo de vida intelectual; el nuevo Prada era para todos los que se pudieran permitir pagarlo y se sintieran identificados con la marca, ya fuera con unos pendientes o con una austera chaqueta de lana.

Algo similar ocurrió con la firma joven de la casa, Miu Miu, que pasó a duplicar sus ventas año tras año. La nueva estrategia de Miuccia, única directora creativa de la línea, también se basó en diseñar y estampar su logo, con todos los conceptos intangibles (modernidad, rebeldía, intelectualidad) que se

Prada ha convertido en superventas objetos inesperados, como un juego de damas (arriba), unos pendientes o el sombrero de pescador, uno de los productos más solicitados de la marca (a la derecha).

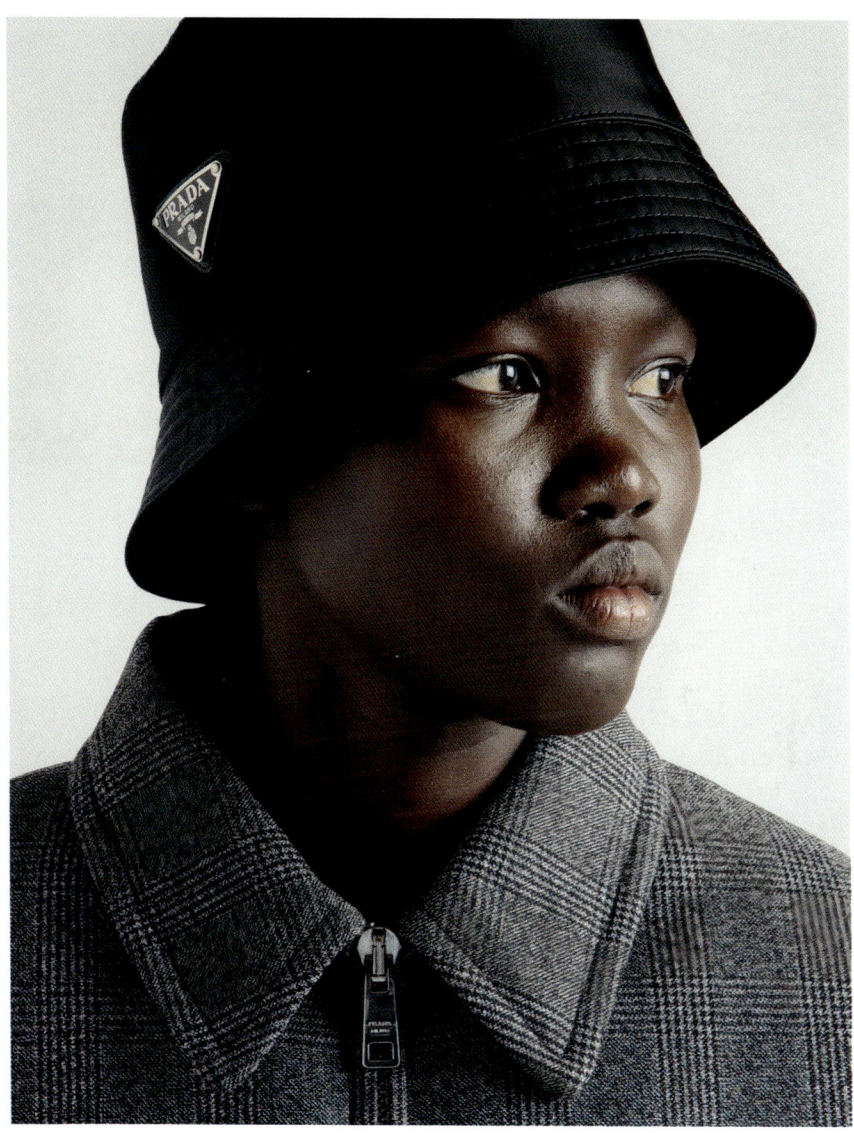

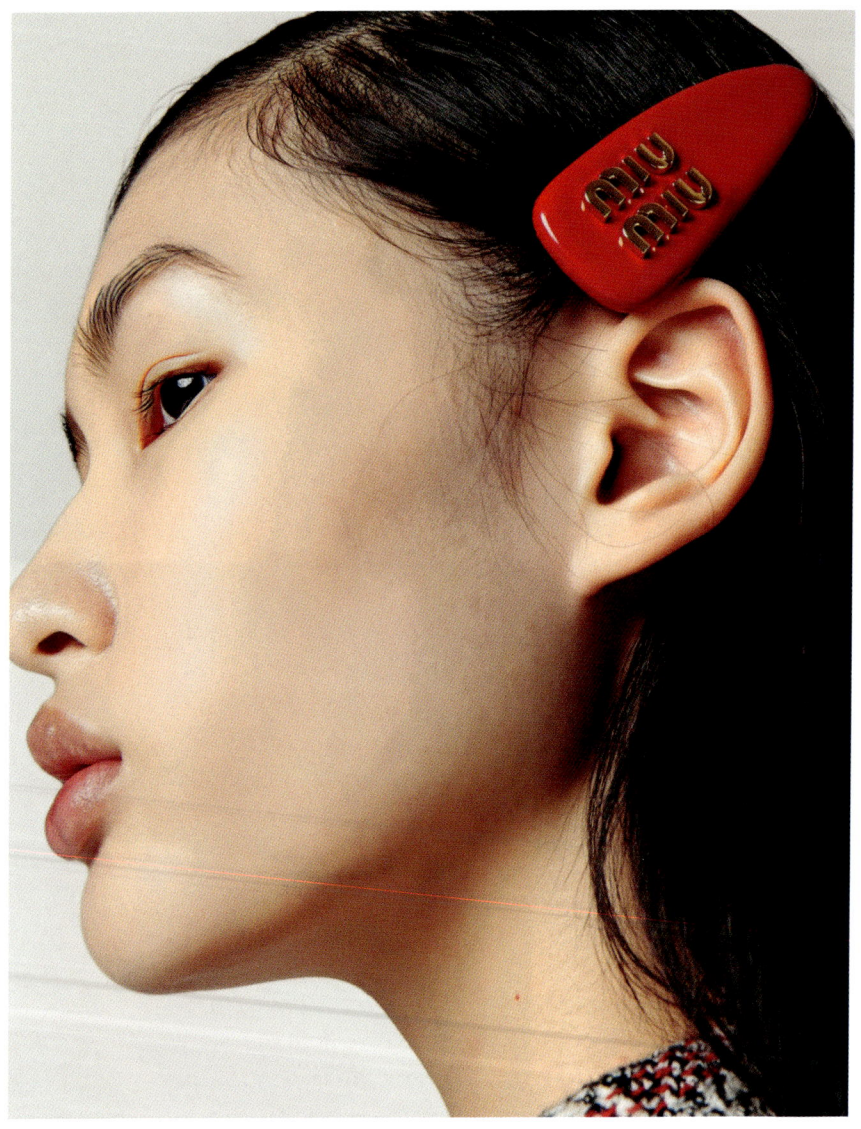

PRADA

desprenden de él, en pequeños accesorios, como llaveros, horquillas, medias…, pero sobre todo en sacar a desfilar a modelos de distintas generaciones con prendas utilitarias, de parcas a bermudas, de polos a camisas de cuadros, elementos básicos que podrían estar en cualquier armario.

Eso no quiere decir que Miuccia haya renunciado a la complejidad que la ha caracterizado y la ha convertido en una de las pocas marcas de moda ajena a las tendencias y los vaivenes del lujo. Se podría decir que esas colecciones difíciles de entender ahora son más comerciales, pero siguen siendo la respuesta a la complejidad del presente.

En marzo de 2024, la diseñadora concedió su primera portada a la edición americana de *Vogue*. Aparecía, como suele ser habitual en ella, sin maquillar, sin un peinado elaborado y luciendo un abrigo de una de sus primeras colecciones de mediados de los 80 (era su modo de mostrar que sus diseños están por encima de tendencias temporales). En una extensa entrevista repasaba su carrera. «Eso de reducir una mujer a una silueta bonita, ¡ni hablar! Yo intento respetar a las mujeres, volcar mi creatividad en cosas que sean ponibles, útiles», decía, añadiendo que sigue con las mismas contradicciones mentales que cuando se hizo cargo de la empresa familiar: «trabajo para una empresa de lujo. No es perfecto para una posición política como la mía; esta siempre ha sido la mayor contradicción en mi vida».

En aquella conversación la diseñadora dio a entender que sigue moviéndose por los mismos valores que hace 40 años: feminismo, curiosidad por el presente, ruptura de prejuicios y el diseño como extensión de la cultura actual. Pero no habló del futuro cercano, de cómo será Prada sin Prada, una marca que si ha sido siempre la excepción a la regla es gracias a ella.

Miu Miu ha sabido capitalizar el éxito viral de los últimos años lanzando una línea de pequeños accesorios, como las horquillas de pelo, para acercarse a un público joven que no puede permitirse el precio de otros complementos como los bolsos y los zapatos.

Ahora la cuestión es si Prada, que sigue viviendo un momento dulce como la marca que en el imaginario colectivo supone esa excepción a la regla, podrá mantener ese estatus tras la jubilación de Miuccia y el cambio de manos en la gestión empresarial. Los próximos cinco o incluso diez años serán clave para dar respuesta a esta incógnita. De momento, lo que sí se puede afirmar es que el relevo generacional interno está dando muy buenos frutos y que la marca continúa siendo todo un referente en el mundo de la moda.

Eso de reducir una mujer a una silueta bonita, ¡ni hablar! Yo intento respetar a las mujeres, volcar mi creatividad en cosas que sean ponibles, útiles

MIUCCIA PRADA

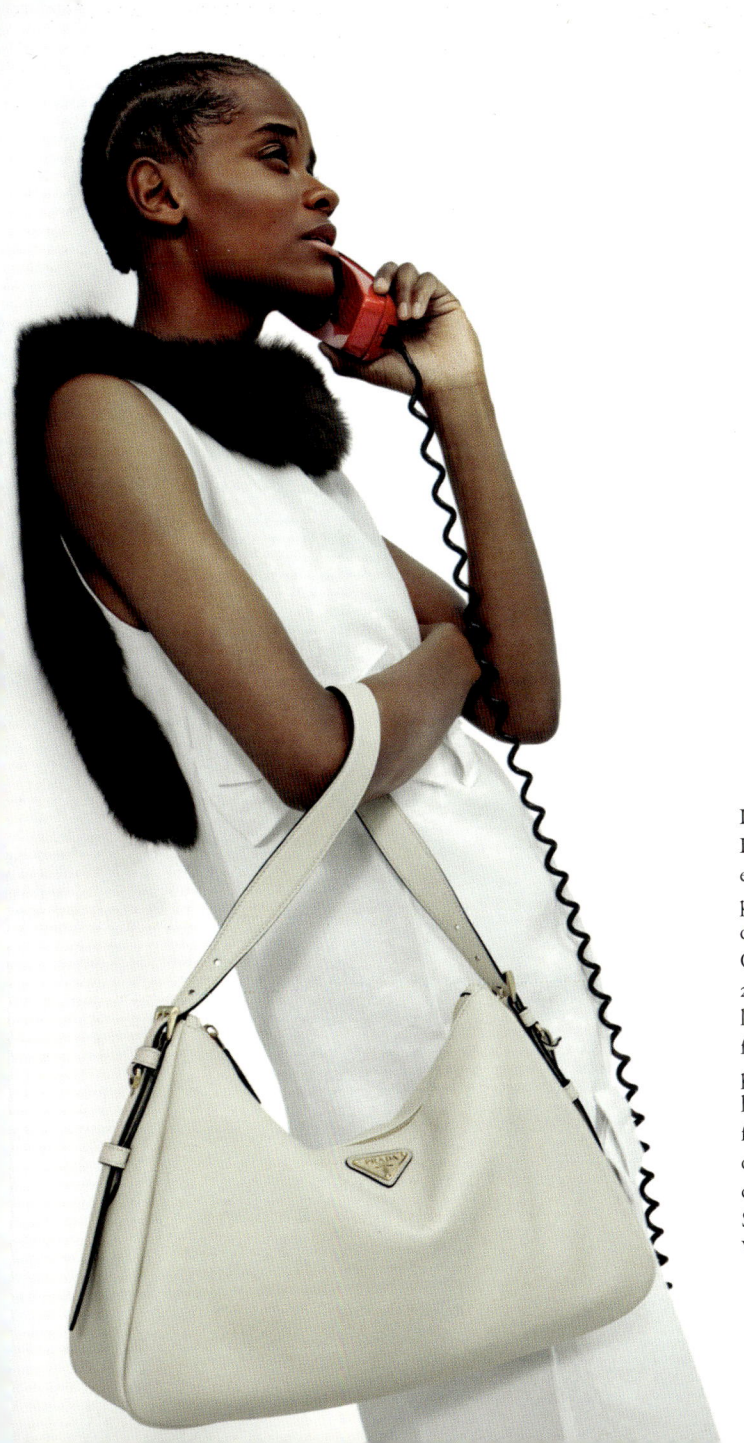

La actriz Letitia Wright es una de las protagonistas de la campaña Otoño-Invierno 2024-2025 de la marca, fotografiada por uno de los retratistas fetiche tanto de Miuccia como de Simons: Willy Vanderperre.

Diseño de cubierta e interior: Luz de la Mora
Asesoría de contenidos: Natalia Andrea Pérez
Hernández

Fotografías: Alamy, Archivo RBA, Estrop,
Getty Images

Realización: Editec ediciones

ISBN colección: 978-84-1057-883-8
ISBN (Volumen): 978-84-1057-886-9
Depósito legal: B 22713-2024
Impresión: Unigraf, S.L.
Calle Cámara de la Industria, 38,
28938 Móstoles, Madrid
Impreso en España — *Printed in Spain*

Para España:
Edita RBA Coleccionables, S.A.U.,
Avenida Diagonal, 189. 08019 Barcelona. España.
Distribuye: Logista Publicaciones,
C/Trigo 39, Polígono industrial Polvoranca
28914 Leganés (Madrid).
Servicio de atención al cliente y suscripciones
(solo para España): Para cualquier consulta
relacionada con la colección: Tel 910 920 132,
de 9 a 20 horas, de lunes a viernes.
E-mail de atención al cliente:
coleccionables@rba.es

Para Argentina:
Editada, publicada e importada por:
RBA EDICIONES ARGENTINA S.R.L.
Av. Córdoba 950 10 mo. Piso, C.A.B.A.
Distribuye en C.A.B.A y G.B.A.: Brihet
e Hijos S.A., Av. Presidente Julio A. Roca 781
1 er. Piso (1067), Ciudad de Buenos Aires.
Whatsapp: (11) 6700-7460.
Mail: ventas@brihet.com.ar
Distribuye en interior: Distribuidora General
de Publicaciones S.A., Alvarado 2118 C.A.B.A.
Whatsapp: (11) 5022-5086
Mail: circulacion@dgpsa.com.ar

Para Chile:
Edita RBA Coleccionables, S.A.U.,
Avenida Diagonal, 189. 08019 Barcelona, España.
Importado y distribuido por: El Mercurio S.A.P.,
Avenida Santa María N° 5542,
Comuna de Vitacura, Santiago, Chile

Para Colombia:
Edita RBA Coleccionables, S.A.U.,
Avenida Diagonal, 189. 08019 Barcelona, España.
Importado y distribuido por: Casa Editorial
El Tiempo, Av Cl 26 No. 68B-70
Bogotá. Colombia

Para México:
Editada, publicada e importada por RBA Editores
México, S. de R.L. de C.V., Av. Patriotismo 229,
piso 8, Col. San Pedro de los Pinos, CP 03800,
Alcaldía Benito Juárez, Ciudad de México, México
Fecha primera publicación en México:
Septiembre 2025
ISBN: en trámite (Obra completa)
ISBN: en trámite (Libro)

Para Perú:
Edita RBA Coleccionables, S.A.U,
Avenida Diagonal, 189. 08019 Barcelona. España.
Distribuye en Perú: PRUNI SAC RUC 20602184065
Av. Nicolás Ayllón 2925 Local 16A El Agustino.
CP Lima 15022 – Perú
Tel. 51-991 685 395. Mail: suscripcion@pruni.pe